EL AYUNO

Cómo ayunar para obtener victorias espirituales

DE DANIEL

EL AYUNO

Cómo ayunar para obtener victorias espirituales

DE DANIEL

Elmer L. Towns

PENIEL

Buenos Aires - Miami - San José - Santiago
www.peniel.com

EDITORIAL PENIEL
Boedo 25
Buenos Aires, C1206AAA
Argentina
Tel. 54-11 4981-6178 / 6034
e-mail: info@peniel.com
www.peniel.com

Diseño de cubierta e interior:
ARTE PENIEL • arte@peniel.com

Publicado originalmente en inglés con el título:
The Daniel Fast for Spiritual Breakthrough
© Copyright 2010 by Elmer L. Towns
Published in U.S.A. by Regal Books
A Division of Gospel Light Publications, Inc.
Ventura, CA 93006 U.S.A.
All rights reserved.

Towns, Elmer
El ayuno de Daniel. - 1a ed. - Buenos Aires : Peniel, 2011.
240 p. ; 21x14 cm.
Traducido por: Lorena Diglio
ISBN 10: 987-557-325-6
ISBN 13: 978-987-557-325-3
1. Vida Cristiana. I. Diglio, Lorena, trad. II. Título
CDD 248.5

Impreso en Colombia / Printed in Colombia

Elmer Towns les ha enseñado a todos los estudiantes de la universidad Liberty y del *Liberty Baptist Theological Seminary* [Seminario Teológico Bautista Liberty] a ayunar de la forma en que lo enseña La Biblia. Recomiendo *El ayuno de Daniel* cuando necesites que Dios te responda una oración específica.

Dr. Ergun Caner
Presidente del Liberty Baptist Theological
Seminary and Graduate School
Lynchburg, Virginia

Mientras construíamos nuestras instalaciones en el año 2007, nuestro equipo se comprometió a hacer el ayuno de Daniel durante veintiún días. La fecha límite para mudarnos allí era marzo del 2008. Sabíamos que era un esfuerzo, pero confiábamos en Dios para lograrlo a tiempo. Durante el ayuno descubrimos que el equipo de trabajo del edificio estaba adelantado y que en realidad celebraríamos la Navidad del 2007 en nuestro nuevo edificio. Dios se manifestó de una manera grandiosa, y mil personas se unieron a nuestras reuniones cuando nos mudamos. Creemos que Dios obró como resultado directo de nuestro enfoque en la oración y en el ayuno, aun cuando los equipos de construcción no podían explicarlo. Desde entonces hemos puesto en práctica hacer un ayuno anual y animamos a nuestra congregación a que se una a nosotros.

Matt Fry
Pastor de la Iglesia C3, Clayton, Carolina del Norte

¡Este libro está hecho para este tiempo! ¡El Espíritu Santo llama a cada creyente a tomar el *poder del ayuno con la oración*! La oración y el ayuno de Daniel afectaron de forma literal el desarrollo de la Historia en un momento desesperado del mundo antiguo. En la actualidad, nos encontramos en un tiempo de intercesión profética y profunda, que nos llama a echar mano de las guías prácticas que se despliegan en este libro. *El ayuno de Daniel* demuestra que el Pueblo de Dios puede ver los mismos resultados en nuestra generación, pero de acuerdo con las palabras de Jesús: *"Este género con nada puede salir, sino con oración y ayuno"* (Marcos 9:29, RVR60).

Dr. Jack W. Hayford
RECTOR DE THE KING'S COLLEGE AND SEMINARY
PASTOR FUNDADOR DE LA IGLESIA THE CHURCH ON THE WAY

=====

Cuando nuestra iglesia tenía dificultades para obtener el permiso de edificación para su actual tabernáculo de adoración, el Dr. Towns nos visitó y dio un seminario acerca del ayuno. Luego nosotros, como congregación, ayunamos para intervenir en lo que parecía ser una "montaña inamovible". Dios dio vuelta una situación imposible y ahora utilizamos ese edificio para alcanzar a nuestra comunidad con el amor y el mensaje de Jesucristo. *El ayuno de Daniel* es una inmensa herramienta espiritual para la tarea del Reino.

Tom Mullins
PASTOR PRINCIPAL DE CHRIST FELLOWSHIP,
PALM BEACH GARDENS, FLORIDA

Elmer Towns ha sido mi amigo desde principios de la década de los setenta, y ha contribuido tanto en el crecimiento de la escuela dominical como en el enriquecimiento del ministerio de oración de mi iglesia. Ha predicado en ella en conferencias pastorales acerca del ayuno y, en mi opinión, es un experto de nuestro tiempo en el asunto. La historia que cuenta en su libro sobre cómo guié a mi iglesia en el ayuno de Daniel da cuenta de nuestro compromiso con esta práctica y la oración. El ayuno continúa siendo una disciplina regular entre muchas de las personas de nuestra congregación... y es parte de mi vida.

Ron Phillips
PASTOR DE LA IGLESIA ABBA'S HOUSE, CHATTANOOGA, TENNESSEE

Cerca de dos años después de ingresar al ministerio a tiempo completo, escuché al Dr. Towns hablar acerca del poder del ayuno. Lamentablemente, el ayuno no era parte del proceso de mi "discipulado cristiano" hasta ese momento. Desde entonces, he tratado de incorporarlo a mi disciplina regular y a la del liderazgo de mi iglesia, y he experimentado el poder espiritual de esta práctica en cada momento. Este libro es perfecto para el ayuno personal o el de toda la iglesia, y las lecturas diarias serán un aliento siempre presente para tu vida al experimentar las bendiciones de Dios a través del tiempo de ayuno planeado.

Nelson Searcy
PASTOR DE LA IGLESIA THE JOURNY CHURCH, (NUEVA YORK)
FUNDADOR DE CHURCHLEADERINSIGHTS.COM

¡Elmer Towns es un hombre que respira con Dios! Su comprensión viene del cielo mismo. ¡Cada gramo de este libro es tan poderoso como un gramo de dinamita! Elmer escribió previamente un libro éxito en ventas acerca del ayuno, y ahora agregó mucho más en nuestro arsenal espiritual. Este libro me enseñó algo que no sabía: el ayuno con un objetivo y cómo apuntar y dar en el blanco en el espíritu. ¡Preparados! ¡Listos! ¡A ayunar!

Tommy Tenney

Fundador y gerente general de GodChasers.network
Pineville, Luisiana

Dedicado a la memoria de Jerry Falwell, mi pastor, que me impulsó a hacer mi primer día de ayuno, y a Bill Bright, que me motivó a hacer mi primer ayuno de cuarenta días. También dedicado a David Yonggi Cho, pastor de la iglesia más grande del mundo, que me desafió a enseñarles a los estudiantes ministeriales en la universidad Liberty a ayunar antes de buscar su primer pastorado.

Contenido

El ayuno que he escogido, ¿no es más bien romper las cadenas de injusticia y desatar las correas del yugo, poner en libertad a los oprimidos y romper toda atadura? ¿No es acaso el ayuno compartir tu pan con el hambriento y dar refugio a los pobres sin techo, vestir al desnudo y no dejar de lado a tus semejantes? Si así procedes, tu luz despuntará como la aurora, y al instante llegará tu sanidad; tu justicia te abrirá el camino, y la gloria del Señor te seguirá.

ISAÍAS 58:6-8

Prólogo

El impacto del ayuno de Daniel

En enero de 1998, nuestra iglesia llevó adelante el ayuno de Daniel durante las primeras tres semanas de enero. Habíamos comenzado con esta práctica varios años antes y había empezado un ciclo de cosecha y multiplicación a través de grupos pequeños.

El día quince de este ayuno mi esposa y yo viajábamos de Baton Rouge hacia San Antonio para ministrar. Al acercarnos a la curva donde se hacía visible la mansión del gobernador, en mi espíritu vi una ráfaga de viento que abría la puerta (esta pequeña imagen mental cruzó por mi mente al mirar la mansión). Le dije a Melanie, mi esposa: "Creo que Dios está a punto de abrir una puerta en la mansión del gobernador para el estudio de La Biblia".

Terminamos el día veintiuno del ayuno en San Antonio y regresamos a Baton Rouge. Allí, en mi escritorio, había una nota que decía que había llamado la secretaria del gobernador. Cuando contesté su llamada, me dijo que una semana antes el gobernador hacía su rutina de ejercicios cuando un programa diario de noventa segundos que yo había hecho durante años llegó a la emisora local. Una voz en su interior le dijo: "Llama y pídele a este hombre que venga y te enseñe toda La Biblia en cuatro clases".

Esta invitación fue muy sorprendente porque nunca antes había conocido al gobernador. El día designado estaba reunido con las quince personas más importantes de su equipo para la ocasión.

Les enseñé cuatro lecciones de La Biblia: "La creación", "El Pueblo escogido", "Cristo" y "La Iglesia". A fin de mes, el gobernador me pidió que continuara. ¡El estudio de La Biblia continuó durante el tiempo restante de su mandato y durante cuatro años adicionales después de su reelección! Muchas veces pude orar con su equipo por milagros que detuvieron huracanes, acabaron con la sequía que acosaba el estado y trajeron gran favor a su gobierno. Se convirtió en el gobernador más popular que nuestro estado tuvo en los últimos tiempos, hasta que se retiró en 2004.

Estoy convencido de que esta poderosa puerta abierta llegó a través del ayuno y la oración. Aun mientras Daniel oraba y ayunaba, Dios abrió las puertas de los niveles más altos del gobierno y de la autoridad. Luego del ayuno de Pablo en Antioquía (ver Hechos 13), Dios abrió la puerta al oficial superior en Chipre, Sergio Paulo. Solo el poder del ayuno de Daniel puede traer un avance en los Estados Unidos y los gobiernos de los estados, y mi experiencia con el gobernador de Luisiana es una prueba viviente de esa realidad.

Larry Stockstill
Pastor principal de la iglesia Bethany World Prayer Center
Baker, Luisiana

Invitación

Bienvenido a *El ayuno de Daniel*. Este libro fue escrito como una guía para tu ayuno. Leerás una explicación sobre la manera en que fue establecido el ayuno de Daniel, por qué puede ser de diez o veintiún días, qué debes comer y cómo debes disciplinarte en el ayuno.

Este libro también examinará algunas de las experiencias de oración mientras ayunas. Tal vez te comprometiste a orar durante los diez o veintiún días de tu ayuno y, al mismo tiempo, ayunar por un objetivo de oración. Aprenderás muchos consejos prácticos para la oración. Aprenderás cómo encontrarte con Dios, adorarlo y orar de forma específica para obtener una respuesta. Verás el rol del llanto, del arrepentimiento y lo que significa crucificarte a ti mismo. Luego aprenderás algunos principios de la oración de guerra espiritual y lo que significa orar desesperadamente.

Si esta es la primera vez que ayunas, este libro aliviará algunos de tus temores y te explicará algunas de las cosas que experimentas durante el ayuno. Así que léelo para confiar en la oración y sobreponerte a la ansiedad; pero sobre todas las cosas, hazlo para recibir la respuesta a tus oraciones.

Mientras escribía este libro ayuné varias veces, de distintas maneras. Oraba y ayunaba para que Dios me mostrara lo que debía escribir y me ayudara a preparar este libro para que puedas tocar a Dios cuando ores y ayunes; y para que —lo que es más importante— Él pueda tocarte a ti.

Escrito desde mi casa,
al pie de las montañas Blue Ridge,
Elmer L. Towns

Acerca del ayuno de Daniel

1

¿Qué es ayunar?

Me dijeron que nadie había escrito un libro, éxito en ventas, acerca del ayuno en cien años, así que cuando escribí *Abriendo una brecha espiritual por medio del ayuno* en 1996, quería una opinión. Le envié por correo electrónico una copia del manuscrito al pastor Ron Phillips de la iglesia Central Baptist Church en la gran Chattanooga, Tennessee. Unos días después, recibí un extraño llamado por teléfono.

—Eres un sinvergüenza— me dijo la voz al otro lado del teléfono.

—¿Quién me llama sinvergüenza?, —pregunté.

—Ron Phillips— me dijo, riéndose.

Ron era amigo mío; yo había asistido a su iglesia dos o tres veces para realizar una campaña de crecimiento de la escuela dominical.

—Estoy en la Convención Bautista del Sur— siguió diciendo, mientras explicaba su gracioso comentario.

—Tendría que estar en reuniones... y votar... y hablar con mis compañeros en el vestíbulo, pero estoy atascado en esta habitación de hotel leyendo tu libro. Este libro es tan bueno que cambiará mi vida.

Antes de finalizar la conversación, Ron me convenció de que fuera un sábado a su iglesia a enseñar en un seminario acerca de los principios del ayuno. Así que pusimos una fecha y Ron envió las invitaciones. Él esperaba que fueran 800 personas, pero solo asistieron 157. La razón por la que hubo una baja asistencia fue que Ron les había pedido que vinieran en *ayuno* ese día. Muchas personas se habían asustado porque no sabían cómo ayunar o no entendían lo que Dios podía hacer por ellas si ayunaban. Eso me convenció de que debía escribirse más acerca del ayuno, fuera un éxito en ventas o no.

Así que, ¿qué significa "ayunar"?

Definición

Ayunar:
1. *intr. Abstenerse total o parcialmente de comer o beber.*
2. *intr. Guardar el ayuno eclesiástico.*
3. *intr. Privarse o estar privado de algún gusto o deleite.*[1]

Dios creó el cuerpo humano de manera que necesitara alimento para funcionar. Para asegurarse de que el cuerpo sea alimentado, puso dentro de nosotros el apetito por la comida, al que denominamos "hambre". El comer satisface nuestro apetito y nos da las fuerzas para realizar las actividades que necesitamos hacer a lo largo del día. Entonces, ¿por qué una persona elegiría ayunar, esto es permanecer sin comer durante un período de tiempo?

Desde la perspectiva de Dios, la razón es simple. El ayuno puede utilizarse para lograr un propósito espiritual. En el Antiguo Testamento se les ordenó a los israelitas que ayunaran una vez al año: *"El día diez del mes séptimo ayunarán"* (Levítico 16:29). Este ayuno tuvo lugar el día de la expiación (*Yom Kippur*). Este día el Sumo Sacerdote realizaba sacrificios especiales para expiar los pecados del pueblo. Durante el servicio, él entraba al Lugar Santísimo en el centro del templo, única vez en el año en que podía entrar a ese lugar. Dios quería que su pueblo ayunara para que recordaran la experiencia de su salvación. Todos ayunaban para identificarse con el Sumo Sacerdote, que sacrificaba un cordero para el perdón de pecados.

Hoy, como cristianos, vivimos bajo la gracia, así que ya no se nos *exige* ayunar. Sin embargo, Jesús aclara en Mateo 6:16 que se nos *permite* ayunar por ciertas razones: *"Cuando ayunen, no pongan cara triste como hacen los hipócritas, que demudan sus rostros para mostrar que están ayunando. Les aseguro que estos ya han obtenido toda su recompensa"*. De igual manera, en Mateo 9:15, Jesús declara: *"¿Acaso pueden estar de luto los invitados del novio mientras él está con ellos? Llegará el día en que se les quitará el novio; entonces sí ayunarán"*. También vemos a los apóstoles de la Iglesia primitiva ayunar por un propósito espiritual: *"Mientras ayunaban y participaban en el culto al Señor, el Espíritu Santo dijo: 'Apártenme ahora a Bernabé y a Saulo para el trabajo al que los he llamado'. Así que después de ayunar, orar e imponerles las manos, los despidieron"* (Hechos 13:2-3).

Muchas personas que nunca antes han ayunado se ponen nerviosas ante la posibilidad de abstenerse de comer. Se preguntan si tendrán hambre y si los dolores a causa del hambre harán que sea difícil continuar el ayuno. Piensan que será una experiencia desagradable. Probablemente, muchas de las mismas preocupaciones que sintieron los miembros de la iglesia Central Baptist Church cuando Ron Phillips les pidió que ayunaran. Sin embargo, ten en mente que ayunar no te hará ningún daño más que hacer dieta para adelgazar. Tampoco te lastimará; de hecho, algunos estudios demuestran que ayunar en realidad es bueno para el cuerpo porque elimina toxinas del mismo.

El propósito del ayuno no es hacer una demostración visible de tu dedicación religiosa hacia Dios, sino realizar un compromiso personal entre tú y Dios. No siempre es fácil; como con cualquier otra disciplina, sin duda encontrarás resistencia y oposición. Así que emprende el ayuno de Daniel —o cualquier otro ayuno— con todo el entendimiento de lo que estás por hacer. Tienes que saber también que aunque tal vez el camino sea difícil, las recompensas serán grandes.[2]

MI TIEMPO PARA ORAR

Señor, oro para que me guíes al comenzar este tiempo de ayuno. Amén.

Notas:
1. Ver http://buscon.rae.es/draeI/SrvltConsulta?TIPO_BUS=3&LEMA=ayunar
2. Para una mayor explicación acerca del propósito del ayuno, ver Guía básica para el ayuno (Lake Mary, Fl. Casa Creación, 2002).

2

¿Qué es el ayuno de Daniel?

Jentezen Franklin, pastor de la iglesia Free Chapel en Gainesville, Georgia —una congregación de diez mil asistentes—, comienza cada año con el ayuno de Daniel de veintiún días. Todos participan en alguna medida. Algunas personas de la iglesia ayunan durante un día, otras durante tres días, otras durante una semana y muchas durante los veintiún días. Jentezen ha dicho: "Han testificado personas que solo ayunaron por tres días por un ser amado que tenía cáncer, y el cáncer se curó por completo a esta altura. El hijo de otra mujer estaba muriendo con 42º de fiebre asociada con leucemia. ¡El primer día del ayuno la fiebre del niño desapareció y no sufrió ningún rastro de daño cerebral!".[1]

Jentezen cree que ayunar y sacrificarse por Dios al comienzo de cada año nuevo es importante en el crecimiento espiritual de la congregación de Free Chapel. Algunas personas ayunan para romper su adicción a la comida chatarra, otras para quebrar el poder de un apetito incontrolable y otras lo hacen para acabar con su dependencia a la nicotina, el alcohol o las drogas, pero la mayoría ayuna para conocer a Dios íntimamente. Jentezen Franklin dijo: "Cada año aliento a todos los miembros de Free Chapel a que se unan a nuestro ayuno de veintiún días. Si en veintiún días puedes ser una nueva persona, ¿por qué seguir el resto de tu vida sintiéndote mal, enfermo, débil, con sobrepeso y extenuado? ¿Por qué no dar un paso radical de fe? Solo tenemos una vida para darle a Dios, ¡tomemos control de nuestro cuerpo y vayamos ante Dios con lo mejor que tenemos!".[2]

Entonces, ¿cómo obtuvo Daniel un ayuno con su nombre? En otras palabras, ¿por qué ayunó Daniel? Daniel tenía 16 años cuando los babilonios lo llevaron cautivo. En ese tiempo, el rey de Babilonia era Nabucodonosor. Daniel había servido en la corte del rey de Jerusalén, así que era preparado para alguna clase de servicio gubernamental en Babilonia. Nabucodonosor eligió a Daniel porque quería *"jóvenes apuestos y **sin ningún** defecto físico, que tuvieran aptitudes para aprender de todo y que actuaran con sensatez"* (Daniel 1:4, énfasis añadido por el autor).

Nabucodonosor quería a Daniel *"para el servicio en el palacio real"* (v. 4) y para que lo ayudara a administrar su gobierno sobre los judíos, el pueblo de Dios. Pero quería que Daniel fuera "babilónico". Así que, *"el rey les asignó* [a Daniel y sus tres amigos] *raciones diarias de la comida y del vino que se servía en la mesa real"* (v. 5).

Para un adolescente de hoy, la palabra "comida" significa pizza o helado, y podría añadir a la lista cerveza y alcohol, y hasta incluso drogas. Pero Daniel no eligió los lujos, sino que *"se propuso no contaminarse con la comida y el vino del rey"* (v. 8). Observa la palabra "propuso" en este pasaje. El secreto del ayuno de Daniel es *proponértelo* en el corazón, es decir, hacer un pacto al entrar al ayuno de que te propones seguir al Señor en lo que comas y bebas.

¿Qué eligió comer Daniel? La versión de La Biblia Reina Valera 1960 dice que Daniel le dijo a su guardia *"Te ruego que hagas la prueba con tus siervos por diez días, y nos den **legumbres** a comer, y agua a beber"* (v. 12, énfasis añadido por el autor). Las traducciones más nuevas utilizan la palabra "verduras" para "legumbres", que probablemente fueran verduras con muchas hojas, como lechuga, hojas de nabo, repollo, espinaca y hojas verdes de berza. Así que Daniel comió una dieta de "ensaladas". ¿Cuáles fueron los resultados? *"Al cumplirse el plazo, estos jóvenes se veían más sanos y* *mejor alimentados que cualquiera de los que participaban de la comida real"* (v. 15).

La prueba que Daniel le propuso a su guardia demostró ser simple, y cuando comiences el ayuno de Daniel, puedes elegir comer solo vegetales durante diez días. Sin embargo, también puedes elegir tomar parte de la versión más larga del ayuno de Daniel, como se registra en el capítulo 10: *"No comí manjar delicado, ni entró en mi boca carne ni vino"* (v. 3, RVR60). Daniel continuó con este ayuno durante veintiún días: *"hasta que se cumplieron las tres semanas"* (v. 2, RVR60).

La frase *"manjar delicado"* es interesante en este pasaje. "Manjar delicado" significa comida que considerarías agradable a tu paladar, como un bife, un guiso de pescado, langostinos fritos, caracoles, un bife de ternera con queso provolone y demás. La Nueva Versión Internacional lo traduce como *"no comí nada especial"*, la versión Dios habla hoy lo llama *"alimentos exquisitos"* y la Traducción en Lenguaje Actual expresa *"ni probé nada de lo que me gustaba"*. Todas estas definiciones apuntan a lo mismo: durante el ayuno de Daniel dejas las cosas que disfrutas comer y solo consumes lo necesario. Por lo tanto, el ayuno de Daniel es una expresión de abstinencia con propósitos de autodisciplina.

Mi tiempo para orar

Señor, me propongo seguirte en lo que coma y beba. Amén.

Notas:

1. Jentezen Franklin, *El ayuno*. (Lake Mary, Fl, Casa Creación, 2008).
2. Ibíd.

3

¿Por qué elegir ayunar?

Daniel y sus tres amigos fueron puestos bajo un "programa de entrenamiento" babilónico para prepararlos para que se convirtieran en administradores de los programas para un gobierno extranjero. Parte de la religión de los babilonios era una dieta especial, así que los jóvenes estaban inmersos en las costumbres, las leyes y los valores babilónicos.

Él y sus amigos pidieron que nos les dieran de comer carne ni beber vino. Tal vez esto se debía a que la comida se ofrecía a los ídolos, y comerla comprometería su separación de los falsos dioses. Quizá el vino era embriagador, lo que violaría su práctica judía. O tal vez la comida incluía carne no permitida por la ley judía, lo que violaría sus leyes alimentarias. Cualquiera fuera la causa, sabía que la comida del rey estaba fuera de los límites de sus tres amigos y de él.

Así que Daniel se propuso en su corazón no contaminarse con la porción de los manjares del rey (ver Daniel 1:8). ¿Acaso era una elección para tener una buena salud o para mantener su cuerpo separado para Dios? ¡Eran ambas! Él quería la voluntad de Dios para su cuerpo. ¿Y acaso no es eso lo que quieres para tu cuerpo también durante el ayuno de Daniel?

El ayuno de Daniel no es fundamentalmente una elección alimentaria; es un *compromiso espiritual* con Dios. Tal vez pierdas peso durante este tiempo o quizá te baje la presión arterial o el colesterol, y si bien estos resultados son buenos, no son el enfoque principal del ayuno. En cambio, ayunas con un *enfoque espiritual*. La mejoría de la salud siempre es un resultado *secundario*. Miremos lo que sucede cuando comienzas a hacer el ayuno de Daniel. En primer lugar, reconsideras tu vida a la luz de la perspectiva de Dios. En segundo lugar, quiebras algunos malos hábitos alimenticios, lo cual comenzara devolverte una mejor salud. Si te unes a tu iglesia o a otro grupo de cristianos al hacerlo por un objetivo espiritual, también edificas el dominio propio. La responsabilidad externa que obtienes al hacer el ayuno con otras personas fortalecerá tu autodisciplina.

Cuando comienzas el ayuno de Daniel, también empiezas el proceso de purificar tu cuerpo de grasas y tal vez otros efectos secundarios negativos como resultado de comer carne. Te arrepientes del pecado (probablemente no del pecado de comer carne, sino de otros pecados asociados con la carnalidad) y te acercas más a Dios mediante esta experiencia. De hecho, muchas personas que participan de esto, dan testimonio de que están más cerca de Dios cuando ayunan que en cualquier otro momento de su vida. ¿Por qué? Porque obedecen a Dios *cada minuto del día*. Cuando ayunas, estás consciente de tu estómago todo el tiempo, lo que te hace estar consciente de la razón por la que te abstienes de comer —la intimidad con Dios— mientras ayunas.

Una última razón para elegir ayunar es que te lleva a adorar a Dios. Cuando ayunas y oras, honras al Señor con tu cuerpo *y* con tu alma.

Mi tiempo para orar

Señor, glorifícate en mi cuerpo durante el ayuno de Daniel. Amén.

4

¿Por qué comprometerse?

El ayuno de Daniel es un *compromiso largo*, más extenso que un ayuno de un solo día (como el ayuno del Día del Perdón, en el cual el pueblo judío ayuna tradicionalmente durante veinticuatro horas). Como vimos anteriormente, Daniel y sus jóvenes amigos ayunaron durante diez días (ver Daniel 1), y luego Daniel ayunó durante veintiún días (ver Daniel 10).

Sin importar si ayunas durante diez o veintiún días, las dos preguntas que debes hacerte son las mismas: (1) *¿Por qué ayuno?* y (2) *¿Qué quiero lograr con este ayuno?* Técnicamente, deberías ayunar para enfocarte y comprometerte en un proyecto o para obtener una respuesta a una oración. En este ayuno de Daniel, has hecho un compromiso de abstinencia para obtener la respuesta que buscas de parte de Dios. Te has comprometido a ayunar y a orar por una respuesta de Él.

Esta práctica es un *compromiso de tiempo*, así que necesitas decidir con anterioridad cuánto tiempo vas a ayunar y luego mantenerte firme con ese compromiso hasta el final. Debido a que he escrito varios libros acerca del ayuno, recibo cartas de personas que me cuentan sus experiencias. Cierta vez, unas personas me contaron que estaban en el día cuarenta y dos de un ayuno de cuarenta días, y que disfrutaban tanto de esa experiencia que no querían detenerse. Me preguntaron: "¿Qué debemos hacer?".

Les respondí que lo finalizaran de inmediato. Su ayuno era un *compromiso de tiempo*. Debían comenzarlo a tiempo, mantener su compromiso durante todo el ayuno y luego finalizarlo a tiempo.

El ayuno de Daniel también es un *compromiso de disciplina*. Fortaleces tu carácter en cada área de tu vida cuando lo completas. Cuando tomas control de tu cuerpo —tu ser externo— comienzas a tomar control de tu carácter interno. Disciplinas tu cuerpo para glorificar al Señor.

Es un *compromiso espiritual*. Mientras ayunas, oras por un *objetivo espiritual*. Recuerda que ayunar no logrará mucho sin oración seria y sacrificial. Al disciplinar tu cuerpo, disciplinas tu vida de oración.

Es un *compromiso de fe*. En Marcos 11:22 Jesús exhortó a sus discípulos: *"Tengan fe en Dios"*. Para explicarles cómo podían expresar su fe, les enseñó: *"...si alguno le dice a este monte [problema o dificultad]: 'Quítate de ahí y tírate al mar', creyendo, sin abrigar la menor duda de que lo que dice sucederá, lo obtendrá"* (v. 23). Cuando Daniel comenzó su ayuno, hizo una declaración de fe de comer solo verduras y beber agua. De la misma manera, tu ayuno es una declaración verbal de lo que quieres que Dios haga.

Es un *compromiso parcial*. No dejas toda la comida (un ayuno absoluto), tampoco emprendes un ayuno de jugos (un ayuno normal). En cambio, omites ciertos alimentos que comerías normalmente o eliminas ciertas carnes durante un período de tiempo específico. Esto tal vez incluya omitir una o dos comidas por día durante un cierto período de tiempo o tal vez requiera omitir otras prácticas.

Es un *compromiso de salud*. Te abstienes de comida de "fiestas" o comida chatarra. Generalmente, no comes entre comidas y solo ingieres comida saludable.

Finalmente, el ayuno de Daniel es un *compromiso de estilo de vida*. Cuando Daniel pidió permiso para evitar los manjares del rey durante diez días, puso toda su vida en la dieta elegida. Luego, si continuaba viéndose "saludable", podía seguir haciendo su propia dieta.

Algunas personas que se comprometen a no tomar bebidas alcohólicas hacen un compromiso de por vida: determinan no volver a probar bebidas alcohólicas nunca más. Hacen esta promesa por razones de salud, porque el consumo de alcohol puede llevarlas a sufrir cirrosis en el hígado y padecer una muerte prematura. Algunas personas lo hacen debido a la adicción al alcohol, pues han sido esclavos del mismo. Otras hacen la promesa de no probar alcohol por razones espirituales, porque creen que beber alcohol está mal. (Mi padre murió siendo alcohólico y mi familia sufrió pobreza y otros problemas debido a su adicción. He leído Las Escrituras muy detenidamente y personalmente concluí que beber, de cualquier manera, está mal). En La Biblia, Juan el Bautista, el profeta Samuel y Sansón hicieron votos de por vida para no tomar alcohol. Si queremos honrar al Señor como lo hicieron ellos, debemos seguir su ejemplo con el voto nazareo (ver Números 6:1-8).

Ten en cuenta que en ningún lugar de La Biblia hay creyentes a los que se les ordene realizar el ayuno de Daniel. Se nos ha dado libertad para comer, y comemos de forma saludable para mantenernos sanos. Dios le dijo a Pedro: *"Levántate, Pedro; mata y come"* (Hechos 10:13), interrumpiendo así las leyes ceremoniales. Por lo tanto cuando comas comida buena, cómela con una buena conciencia, para la gloria de Dios. *"Y todo lo que hagáis, hacedlo de corazón, como para el Señor"* (Colosenses 3:23, RVR60). Pero aun así, algunas personas se sienten culpables cuando terminan el ayuno de Daniel y regresan a sus hábitos de comida normales. Sin embargo, recuerda que en el Antiguo Testamento Dios ordenó solo un día de ayuno (*Yom Kippur* o el Día del Perdón), pero siete días de fiesta. Así que a Dios le gusta que su pueblo coma, disfrute la comida y esté feliz.

Con todo, cierta comida no es buena para ti. Estados Unidos parece vivir en una época de obesidad epidémica porque algunas personas comen mucho mientras que otras continuamente comen la comida equivocada. Por este motivo, los creyentes deben entregarse a vivir —no solo ayunar— como Daniel, en un compromiso de por vida. Porque este es un estilo de vida saludable: *"Al cumplirse el plazo, estos jóvenes* [Daniel y sus tres amigos] *se veían más sanos y mejor alimentados que cualquiera de los que participaban de la comida real"* (Daniel 1:15). Y esta forma de vivir lleva a tener una mente más clara y un mejor pensamiento: *"Luego de hablar el rey con Daniel, Ananías, Misael y Azarías, no encontró a nadie que los igualara (…) y en todos los temas que requerían de sabiduría y discernimiento los halló diez veces más inteligentes que todos los magos y hechiceros de su reino"* (Daniel 1:19-20).

Mi tiempo para orar

Señor, voy a ayunar durante todo el período de tiempo de mi compromiso. Voy a disciplinar mi cuerpo físico y voy a disciplinar mi vida de oración.

Señor, voy a ayunar y a orar por mi meta. Abandono el placer para buscar tu presencia y orar por aquello que quiero alcanzar. Fortalece mi cuerpo mientras ayune.

Señor, quiero que seas glorificado en mi cuerpo. Ayuno para obedecer tu Palabra y oro para adorarte con mi ayuno.

Señor, voy a comer comida saludable para poder estar sano. Dame sabiduría para elegir comida saludable y dame la disciplina para mantener mi elección. Protégeme de los gérmenes, las bacterias, el veneno y las toxinas que puedan dañar mi salud. Protégeme cuando no puedo protegerme yo mismo. Amén.

5

¿De qué puedo abstenerme?

En el primer capítulo conté la historia de Ron Phillips, el pastor de la iglesia Central Baptist Church en la gran Chattanooga, Tennessee, que me invitó a ella para enseñar en un seminario sobre el ayuno. Enseñé allí un día sábado desde las nueve de la mañana hasta las tres de la tarde. Cuando terminé, Ron irrumpió al frente de todos y, con mucha emoción, les dijo: "Debemos organizarnos para orar. Somos una típica iglesia bautista del sur que se organiza en todo menos en la oración".

Ron les pidió a todos que tomaran una tarjeta de visitante de los asientos, la llenaran y prometieran ayunar un día al mes por la iglesia. Las personas se acercaron a los asientos para hacer un compromiso escrito. Al menos 123 miembros lo firmaron.

Ron continuó con la motivación. "Tuvimos unas reuniones de avivamiento esta semana —de domingo a miércoles— pero no sucedió mucho. Hubo doce decisiones de fe en el altar, y algunas de ellas eran de niños preparados para bautizarse". Ron dijo que deseaba una congregación agitada por el avivamiento que viniera a causa del ayuno y la oración. En el acto le indicó a una mujer que fuera la coordinadora de oración para organizar a todos, y que de esa manera hubiese una persona "que cubriera a la iglesia" cada día del mes mediante el ayuno y la oración. También nombró a varias personas para que cada domingo fuera cubierto con ayuno y oración.

La predicación de Ron decididamente tomó una naturaleza "espiritual" como resultado de esa conferencia. Llamó a la iglesia a la oración y al ayuno sincero. Unos meses después se realizó otra campaña evangelística y hubo 998 decisiones en el altar. La asistencia a la escuela dominical saltó a 258 y la iglesia recibió ese mes aproximadamente quinientos mil dólares más que en el mismo mes del año anterior. La oración y el ayuno funcionan.

Dios honró el compromiso espiritual de la iglesia. Dos años después, esa iglesia estaba repleta de personas. Tenían tres reuniones de adoración y necesitaban desesperadamente construir un edificio más grande. Así que durante una reunión Ron pasó una tarjeta y les pidió a las personas que comenzaran un ayuno de cuarenta días con él, con los diáconos y con el equipo de la iglesia. La idea del ayuno de cuarenta días asustó a la mayoría de la congregación. Ron sonrió y les dijo que era una clase diferente de ayuno. Les sugería el ayuno de Daniel.

Ron levantó una tarjeta y le pidió a cada miembro que leyera los cuatro pedidos de oración impresos en la parte delantera. El primer pedido de oración era por el tamaño del nuevo auditorio. El tabernáculo tenía, en ese tiempo, lugar para seiscientas personas, así que Ron les pidió que oraran para saber si debían construir un lugar para 1200, 2400, 3600 o 4800 lugares. "La decisión no es nuestra, es de Dios", dijo. "Vamos a buscar su voluntad mediante el ayuno y la oración".

El segundo pedido se trataba sobre la clase de santuario que debían construir. Ron les pidió que oraran y ayunaran para saber si debían construir un tabernáculo bautista del sur tradicional o un auditorio para artes escénicas como los que se encuentran en los centros cívicos, para que de esta manera la iglesia pudiera realizar producciones de televisión, musicales y diversas actividades.

El tercer pedido tenía que ver con la ubicación de la propiedad. Dios le había dado a la iglesia un terreno enorme que se extendía de una autopista principal a otra, detrás de las empresas. Desafió a la congregación: "Tomemos la decisión del lugar donde ubicar el nuevo edificio mediante el ayuno y la oración".

El cuarto pedido era por las finanzas. Necesitarían dinero equivalente al tamaño de su visión.

Luego, Ron dio vuelta la tarjeta para leer varias maneras en que las personas podían ayunar por estos temas. "Voy a explicar la importancia de cada actividad", dijo, "y luego les voy a pedir que tomen un compromiso de ayuno y oración de cuarenta días en solo una de estas formas por el futuro espiritual de la iglesia". Estas son las pautas que le explicó a su congregación:

- *Una comida por día.* El ayuno no solo se trata de dejar la comida, sino que también incluye orar durante la hora de comer. Jesús dijo: *"¿No pudieron mantenerse despiertos conmigo ni una hora?"* (Mateo 26:40). Se necesita más o menos una hora para preparar la comida, para llegar a un restaurante o para prepararse para comer, así que este tiempo es una perfecta oportunidad para orar. Aquellas personas que trabajan en lugares calurosos y agobiantes no pueden hacer un ayuno completo porque necesitan fuerza y resistencia para el ejercicio físico, pero pueden sacrificar una comida por día para Dios.

- *Dos comidas por día.* Algunas personas pueden orar dos horas por día al sacrificar dos comidas para Dios.

- *Comer solo vegetales.* El ayuno de Daniel incluye dejar de comer carnes, postres y entre comidas, y solo comer la comida que comió Daniel. Si bien el ayuno no otorga tiempo extra para orar, es un compromiso del corazón que, al unirlo con la oración, mueve el corazón de Dios.

- *Dejar la televisión.* Las personas no cristianas quizá se rían al escuchar "ayuno de televisión" —sacrificar la televisión—, pero es un compromiso con Dios de colocar a Cristo en primer lugar. Esta es una elección en respuesta a Cristo, que prometió: *"...busquen primeramente el reino de Dios y su justicia, y todas estas cosas les serán añadidas"* (Mateo 6:33).

- *Dejar los deportes.* Dejar los bolos, el golf, la pesca, las caminatas o cualquier otra actividad durante cuarenta días para orar durante ese tiempo es elegir colocar el ejercicio espiritual por encima del ejercicio físico: *"...pues aunque el ejercicio físico trae algún provecho, la piedad es útil para todo"* (1 Timoteo 4:8).

- *Dejar la lectura por placer.* Más allá de lo que se necesita leer por trabajo o para preparar las enseñanzas para la escuela dominical de la iglesia, la lectura por placer puede cambiarse por tiempo de oración. También puedes dejar de leer el periódico para orar.

- *Otros.* Esta es un área flexible. Las personas pueden ayunar de cualquier cosa que Dios traiga a su mente.

- *Compromiso.* Este "compromiso de fe" requiere que una persona firme una tarjeta como un compromiso con Dios, no con la iglesia ni con el pastor.

- *Limitar el teléfono celular y los mensajes de texto.* Si bien el uso de los elementos de comunicación puede ser necesario, es un serio factor que consume mucho tiempo. Este uso se puede reducir durante el ayuno de Daniel. (En el último trimestre de 2008, los adolescentes enviaron aproximadamente un promedio de 2272 mensajes de textos por mes, casi 80 mensajes por día[1]).

- *Uso del iPhone o MP3.* Algunas personas se limitan a escuchar solo música cristiana durante el ayuno de Daniel (música de adoración y alabanza que prepara el corazón para la oración). Esto significa no escuchar música secular durante el ayuno de Daniel.

Yo estaba en la iglesia Metropolitan Church of God en Birmingham, Alabama, donde Reymon Culpepper era pastor. (Hoy en día es el supervisor principal de Church of God, Cleveland, Tennessee). Su iglesia intentaba recaudar cinco millones de dólares para construir un edificio para las actividades de los jóvenes. A la audiencia de dos mil personas se le pidió que firmara una tarjeta de compromiso similar a la utilizada por Ron Phillips en la iglesia Central Baptist Church. El pastor Culpepper dijo: "No vamos a recoger las tarjetas como recolectamos la ofrenda cada domingo. Quiero que ustedes se acerquen al altar, se arrodillen en oración para comprometerse con el pacto que están haciendo y luego dejen la tarjeta en el altar". Se acercaron tantas personas al altar que no había lugar. Se arrodillaron en los pasillos y luego dejaron las tarjetas sobre la plataforma. Estas personas tomaron el compromiso de orar verdaderamente.

¿Qué puede aprenderse de estas iglesias? Las cosas pequeñas se vuelven grandes a la vista de Dios cuando son una expresión de la dedicación personal a Él. Dios toma nota de tus pequeños actos de amor: *"Les aseguro que todo lo que hicieron por uno de mis hermanos, aun por el más pequeño, lo hicieron por mí"* (Mateo 25:40). Así que recuerda que primeramente no ayunas por tu iglesia, ni para obtener una respuesta a tu oración ni por ninguna otra cosa. Ayunas para Dios, porque tomaste un compromiso con Él. *"Porque Dios no es injusto como para olvidarse de las obras y del amor que, para su gloria, ustedes han mostrado"* (Hebreos 6:10).

SUGERENCIAS PARA EL AYUNO DE DANIEL

✎ *Elimina una comida por día y ora durante ese tiempo.*

✎ *Elimina dos comidas por día y ora durante ese tiempo.*

✎ *Elimina todos los postres.*

✎ *Elimina todas las comidas ricas, innecesarias que solo comes por placer.*

✎ *Solo come lo que necesitas y solamente durante las comidas (no entre comidas).*

✎ *Elimina todas las bebidas excepto el agua (sin café, té, gaseosas y demás bebidas que se compran).*

INTERPRETACIONES CONTEMPORÁNEAS DEL AYUNO DE DANIEL

✎ *No comunicarse con mensajes en Facebook ni Twitter que apartan tus pensamientos de Dios.*

✎ *No escuchar música secular, solo música de alabanza y adoración.*

✎ *No leer el periódico ni otras cosas por placer; dedica ese tiempo a orar.*

✎ *No mires televisión, dedica ese tiempo a orar.*

✎ *No realices deportes recreacionales, dedica ese tiempo a orar.*

✎ *No tengas relaciones sexuales:* "No se nieguen el uno al otro, a no ser de común acuerdo, y sólo por un tiempo, para dedicarse a la oración" *(1 Corintios 7:5).*

MI TIEMPO PARA ORAR

*Señor, te dedico las pequeñas cosas para expresar la
grandeza de tu supremacía en toda mi vida.*

*Señor, voy a ser fiel en pequeñas expresiones de fe para
obtener grandes respuestas a la oración.*

*Señor, me comprometo a cumplir estas pequeñas
expresiones de mi amor por ti. Amén.*

Nota:

1. Katie Hafner, *"Texting May Be Taking a Toll"* [Mandar mensajes puede causar daños], *NewYork Times,*May 26, 2009, sec.*Health.* http://www.nytimes.com/2009/05/26/health/26teen.html?_r=2&em>

6

¿Cuál es el enfoque principal del ayuno de Daniel?

Al comenzar el ayuno de Daniel es fácil enfocarse en la comida que dejas de comer o en las actividades que dejas de hacer. Es fácil enfocarse en tu abstinencia o en el propósito básico por el que ayunas. Pero recuerda que Dios no se asombra tan solo porque te abstengas de todo alimento o tal vez dejes de comer ciertas comidas, aun cuando lo hagas por tu salud. Él no es deslumbrado por las acciones externas de tu ayuno. El secreto de cualquier ayuno no es lo que evitas que entre a tu estómago sino lo que sale de tu corazón. A Dios le importa tu persona interior, no tu cuerpo exterior.

En Marcos 9:29, Jesús describió la energía espiritual que se necesita para quitar ciertas barreras espirituales: *"Este género con nada puede salir, sino con oración y ayuno"* (Marcos 9:29, RVR60). Por eso debes entregarte por completo a la oración y al ayuno. El compromiso de tu cuerpo exterior de ayunar refleja tu compromiso interno de orar. La frase *"oración y ayuno"* en este versículo enfatiza la acción continua. Esto significa que debes ayunar más de una vez o hacer del ayuno una práctica continua. Durante el ayuno de Daniel, la decisión de lo que comas o dejes de comer tendrá más influencia en tu vida de oración que la mayoría de otros ejercicios espirituales. Si eres indiferente con el ayuno de Daniel, es probable que lo seas con tu dedicación a la oración.

Los principios básicos del discipulado no eran la *negación* ni la *autodisciplina*, sino seguir a Jesucristo. Jesús dijo: *"Si alguien quiere ser mi discípulo, que se niegue a sí mismo, lleve su cruz cada día y me siga"* (Lucas 9:23). Esto incluye volverte a Dios y ponerlo a Él en primer lugar en tu vida, y luego apartarte de todo lo que no deja que lo sigas.

Hay tres palabras en este versículo que deberían influir en tu ayuno de Daniel. En primer lugar, la palabra *"niegue"* significa que debes deshacerte de cualquier cosa que entorpezca tu relación con Cristo. Debes bajarte del trono de tu corazón y Jesús debe sentarse allí y controlar lo que comes y bebes. La segunda es la frase *"cada día"*. Seguir a Jesús significa una dedicación de veinticuatro horas los siete días de la semana, así que tu ayuno de Daniel requiere un compromiso de diez o de veintiún días acompañado con una oración continua. La tercera palabra es *"siga"*. Así como Jesús ayunó para prepararse para su tarea espiritual, así también debes seguir el ejemplo de Jesús en el ayuno de Daniel para tu compromiso espiritual.

Mi tiempo para orar

Señor, voy a negarme al placer durante el ayuno de Daniel para poder buscar tu voluntad en mi vida. Considero un privilegio abandonar los "alimentos exquisitos" para tu gloria al comprometerme en mi oración.

Señor, hice un pacto espiritual contigo de que voy a ayunar y a orar fielmente durante diez o veintiún días.

Señor, dame una fuerte disciplina externa para mantener mi pacto interno contigo, y dame un fuerte compromiso interno para orar fielmente por la respuesta que busco. Amén.

7

¿Cómo puedo prepararme
para el ayuno?

En 1971, cuando me mudé a Lynchburg, Virginia, desde Greater Chicago, Illinois, empeoró la situación económica del mercado inmobiliario de Chicago. Así que continué teniendo mi casa allí y haciendo los pagos mensuales por ella. Me mudé a una vivienda en Lynchburg por la que también hice pagos mensuales. Cada mes oraba para que se vendiera la casa de Illinois, pero no lo hacía con mucha fe. Me resultaba difícil ser optimista cuando el mercado se había desplomado. Mis ojos estaban puestos en las circunstancias, no en la capacidad de Dios de hacer algo milagroso.

En cierto momento, le dije a mi esposa: "Ayunemos juntos el día quince del mes para que Dios venda la casa de Chicago". La hipoteca vencía el día quince de cada mes, mientras que el pago de la casa de Lynchburg vencía el primero de cada mes. Lo había arreglado de esa manera mucho antes de pensar en orar a Dios para que interviniera. El primer mes oramos y ayunamos, pero no sucedió nada. Ni una noticia desde Chicago. Luego me olvidé por completo de ayunar, aunque continué orando cada día por la venta de la casa.

Al prepararme para enviar el pago del mes siguiente, le volví a decir a mi esposa: "Ayunemos juntos el día quince de cada mes para que Dios venda nuestra casa". Lo hicimos y, otra vez, no sucedió nada. Ninguna noticia desde Chicago.

Continué orando a diario, y Rut y yo ayunamos el día quince de los meses siguientes, aunque nada sucedía. Entonces, luego de seis meses, nuestro agente inmobiliario llamó y dijo: "Oren, tengo un notición". Era un amigo cristiano, pero no le había dicho que habíamos ayunado.

A fin de año, viajé a Chicago a firmar los papeles para le venta de la casa. Mientras hablaba de manera informal con el comprador, me contó que había observado la casa durante casi un año. Luego me dijo la fecha exacta en que la había visto por primera vez: "¡El día del cumpleaños de mi esposa!". Fue el día dieciséis del mes en que Rut y yo oramos por primera vez, ¡el día después de que ayunamos! Se me erizó el vello de los brazos y el cuello. "Esta es obra de Dios", pensé.

Aprendí tres lecciones acerca del ayuno y la oración a partir de mi primer ayuno exitoso. Primero, que *cuando la oración diaria no es suficiente, el ayuno lleva la oración a un nivel más alto*. Dios conoce tu corazón, pero cuando demuestras tu sinceridad con el ayuno, Dios escucha atentamente y responde.

Segundo, que *hay poder en dos o más personas que se ponen de acuerdo para orar y ayunar juntas*. Jesús enseñó: *"Además les digo que si dos de ustedes en la tierra se ponen de acuerdo sobre cualquier cosa que pidan, les será concedida por mi Padre que está en el cielo"* (Mateo 18:19). Así que hay poder cuando te unes con tu esposo o tu esposa, con tu iglesia o con cualquier otro grupo de personas de Dios para orar, en especial cuando estableces una meta y haces un pacto de ayuno en unidad para alcanzarla.

Tercero, *la persistencia es la clave*. Una vez que comiences a ayunar, no dejes de hacerlo. Temo pensar qué habría sucedido si Rut y yo hubiésemos dejado de ayunar cuando no se vendió la casa la primera vez que lo hicimos. Continuar ayunando demuestra tu fidelidad hacia Dios y tu creencia en que Él hará algo poderoso, y que lo hará en respuesta a tu oración.

Ahora hablemos con más detalle acerca de tu ayuno. Al acercarte al ayuno y la oración existen ciertos puntos que hay que implementar. Primero, necesitas tener una *meta*. En mi caso, la meta era vender mi casa. Segundo, necesitas desarrollar un *plan*. Mi plan era ayunar el día quince de cada mes. Tercero, necesitas hacer un *pacto*, una promesa para completar el ayuno.

Probablemente ya tengas el proyecto o la meta en mente, pero déjame sugerirte utilizar una "Lista de control de ayuno" similar a la siguiente. Así como el piloto de un avión repasa la lista de control para asegurarse de que todo se encuentra en perfecto estado antes de salir a la pista de aterrizaje —porque sabe que si pasa por alto un punto pequeño, podría provocar un accidente—, de la misma manera debes ser diligente cuando te prepares para tu viaje. Después de todo, tu ayuno es igual o más importante. Un piloto trata con la vida temporal, pero tú tratas con la *vida espiritual*. Así que utiliza la lista de control o arma tu propia lista para asegurarte de que hayas pensado en todo y que tengas todo lo que necesitas para comenzar tu ayuno, y haz copias para tener la lista cada vez que ayunes. (La lista de control de ejemplo se basa en mi experiencia con el ayuno y la oración por la casa en 1972, y te dará una idea de lo que puedes hacer para registrar tu fe en el proyecto).

LISTA DE CONTROL DE AYUNO

Objetivo: vender mi casa en Greater Chicago.

Afirmación: creo que Dios responde mi oración cuando lo pido específicamente en el nombre de Jesús y cuando reúno las condiciones de intercesión. Por lo tanto, comienzo este ayuno de Daniel y le pido a Dios que responda mis oraciones por el pacto con el que me comprometí.

De qué voy a contenerme: será un ayuno *Yom Kippur* (es decir, un ayuno de un solo día).

Comienzo: atardecer del día catorce.

Fin: atardecer del día quince.

Cuándo voy a orar: el día quince de cada mes.

Base bíblica: Mateo 18:19.

Promesa bíblica: *"Además les digo que si dos de ustedes en la tierra se ponen de acuerdo sobre cualquier cosa que pidan, les será concedida por mi Padre que está en el cielo. Porque donde dos o tres se reúnen en mi nombre, allí estoy yo en medio de ellos"* (Mateo 18:19-20).

Recursos necesarios: voy a escribir en mi diario lo que Dios me dice.

Compañero de oración: mi esposa, Rut.

Pasos después del ayuno: prepararme para el ayuno del próximo mes.

Al llenar tu "Lista de control de ayuno" hay seis maneras de preparar tu actitud que te ayudarán a lograr tu objetivo de fe. Son las siguientes:

1. *Enfocarte en tu necesidad.* Estás a punto de hacer algo que no es parte de tu rutina normal o inclinación. Eliges no comer (o no participar de otras actividades) por un propósito. Enfócate en lo que quieres que Dios haga por ti. Escribe la necesidad con exactitud; ayudará a que te enfoques en lo que te encuentras haciendo en tu mente y sacará a la luz tu sinceridad para seguir hasta el final.

2. *Enfócate en lo que harás.* Estás a punto de hacer algo con respecto a la necesidad. Vas a llevar el problema ante el Señor del Universo. Enfócate en tu relación de oración con Dios para solucionar el problema.

3. *Comienza y termina con un propósito.* Algunas personas descubren que no han comido una comida y deciden llamarlo "ayuno". Perderse una comida tan solo por algunas circunstancias no es un ayuno a menos que te hayas propuesto de antemano orar y utilizar ese tiempo para no comer con un propósito espiritual. Dios conoce tu corazón. Tampoco comiences el ayuno con la idea de ver hasta dónde llegas o hasta dónde aguantas antes de comer. Comienza el ayuno con un propósito y un fin en el tiempo específico. Entonces, comiénzalo un día determinado y termínalo un día determinado. ¡Termínalo con fuerzas! Luego finaliza el ayuno y come en victoria, con gozo.

4. *Reúne los recursos necesarios.* Antes de comenzar el ayuno, reúne los recursos que necesitarás para el mismo. Si ayunas por una persona, toma una foto de ella para tener

durante la oración y para tenerla en mente. Si ayunas por los gastos y las cuentas, desparrámalos delante de ti mientras oras por ellas. Haz lo mismo si ayunas para echar o contratar a alguien. Coloca delante de ti los registros personales de la persona mientras oras. A veces elijo un libro espiritual que quiero leer mientras ayuno. O puede ser algún DVD que quiero ver o algún CD que quiero escuchar.

5. *Recuerda el "Principio del viaje interior"*. Así como una persona nunca emprende un viaje sin primero planearlo, de la misma manera debes estar preparado interiormente para un ayuno antes de poder tener éxito exteriormente. De la misma manera en que los anillos internos del tronco de un árbol dan cuenta de su crecimiento, desarrollarás tu carácter interior al controlar tu dieta exterior.

6. *Haz un pacto.* Otra vez recuerda que ayunar es un pacto privado que haces con Dios. Aun si te unes con otras personas en la iglesia para hacer el ayuno (o te unes con una sola persona, como tu esposo o tu esposa), debes tratar con el asunto en privado con Dios antes de unirte con otros.

Llenar una "Lista de control de ayuno" te ayudará a pensar detenidamente en todos los aspectos de lo que estás a punto de hacer. Observa que no tienes que firmar el pacto, pero te animo a que lo hagas. Cuando firmas un contrato con el mundo, te comprometes con otras personas y con lo que harás junto a ellas. Cuando ayunas con otras personas, ellas esperan que cumplas tu parte. Así que firma tu lista para el proyecto de ayuno y oración que ya estás haciendo o consideras hacer; también es probable que quieras ver los apéndices, pues te proveen información útil sobre las razones para ayunar, las diferentes clases de ayunos bíblicos y una ayuda práctica para tu salud durante el ayuno. Te recomiendo que tengas a mano de forma permanente tu "Lista de control de ayuno", un registro de tu viaje de fe. Seguramente, comenzarás a escribir en un cuaderno de notas para llevar los registros mientras sigues confiando en Dios y buscando la intimidad con Él a lo largo de tu vida.

MI TIEMPO PARA ORAR

Señor, tengo una gran necesidad que traigo delante de ti.
Ayúdame a ayunar y a orar por esta necesidad.

Señor, mi fe no siempre es fuerte ni siempre prevalece.

"¡Sí creo! (...) ¡Ayúdame en mi poca fe!" (Marcos 9:24).

Señor, hago un pacto para ayunar de acuerdo con la "Lista de control de ayuno".

Ayúdame a guardar mi pacto y, por favor, responde mi oración. Amén.

Lecturas diarias

Perspectiva general del día 1 al día 7

Aprender sobre el ayuno de Daniel

Un viaje de mil kilómetros comienza con el primer paso, y un ayuno de diez o de veintiún días comienza con el día uno. Así que acércate al día uno con obediencia, ora con la misma sinceridad que lo harás el último día.

Comienza el primer día con la esperanza de que Dios te responderá y te dará el proyecto de fe por el que oras.

No te olvides del pacto. Toma la determinación de que mantendrás tu compromiso de orar y ayunar hasta el final del tiempo que te comprometiste. Estas lecturas diarias fueron escritas para instruirte con más profundidad acerca del ayuno de Daniel y también para motivarte diariamente a que continúes hasta el final.

Este ayuno de Daniel tal vez sea el paso de fe más grande que hayas dado en tu vida. Permite que Cristo sea magnificado en tu vida de oración, y tal vez experimentes un profundo crecimiento espiritual a lo largo de este ayuno.

Lecturas diarias

Día 1: Tu oración privada en el ayuno de Daniel
Día 2: Unirse a otros en el ayuno de Daniel
Día 3: Compromiso diario durante tu ayuno
Día 4: Orar y ayunar por un proyecto
Día 5: Los beneficios de un ayuno prolongado
Día 6: Decir "no" en oración
Día 7: La persistencia del ayuno de Daniel

DÍA 1

Tu oración privada en el ayuno de Daniel

Pero tú, cuando ayunes, perfúmate la cabeza y lávate la cara para que no sea evidente ante los demás que estás ayunando, sino sólo ante tu Padre, que está en lo secreto; y tu Padre, que ve lo que se hace en secreto, te recompensará.

—MATEO 6:17-18

Mi nieta Beth me escuchó hablarle a la familia acerca del ayuno. Ella sabía que tengo un libro éxito en ventas —*Abriendo una brecha espiritual por medio del ayuno*— que ganó la medalla de plata (el segundo lugar) de la *Evangelical Christian Publishers Association* [Asociación de Editoriales Cristianas Evangélicas]. Pero nunca le pedí que ayunara, ni siquiera tuve una conversación en privado con ella sobre el asunto.

En general, es la necesidad lo que nos lleva a ayunar, y eso le sucedió a Beth, una estudiante de 12 años. Su grupo de jóvenes tenía un equipo de marionetas del cual era miembro (ella le daba vida a una marioneta). Planearon un viaje al centro de detención juvenil de nuestra ciudad, para entretener y presentar el Evangelio con canciones e historias contadas con las marionetas a los jóvenes muchachos que se habían metido en problemas.

Nadie le dijo a Beth que ayunara, pero Dios puso la carga en su corazón para ver a Dios obrar a través de la presentación de su grupo. Beth y los miembros de su equipo oraron juntos, pero ella decidió ayunar sola. No le dijo a nadie lo que había planeado hacer.

Beth decidió hacer un ayuno de un día para orar para que algunos de los detenidos en el centro de detención oraran para recibir a Cristo. No me contó ni a mí ni a sus padres hasta que hubo empezado el ayuno. Dijo: "Mamá, no voy a cenar esta noche, estoy ayunando para que algunos jóvenes se salven cuando Power Source vaya al centro juvenil".

¿Cómo describió Jesús la fe de un niño? Sentó a un niño en medio de sus quejosos discípulos y dijo: "...*el reino de los cielos es de quienes son como ellos*" (Mateo 19:14). Continúa leyendo para descubrir cómo Dios honró la fe de Beth.

En la tarde de su ayuno, Beth comió algo liviano en su habitación cuando llegó a casa de la escuela. Comenzó a ayunar al atardecer y solo bebió algo para la cena en su habitación. Pasó un tiempo orando por la presentación de marionetas y, en forma específica, por su parte.

A la mañana siguiente Beth no desayunó, solo bebió un vaso de jugo de naranja (porque su papá bebe jugo de naranja por la mañana cuando ayuna). Oró muy especialmente antes de ir al colegio.

Durante el almuerzo obtuvo permiso para permanecer en su aula y no ir al comedor. Me dijo: "En lo único en que pensé toda la tarde fue en la comida".

Luego, en su juvenil inocencia, dijo: "Me alegré cuando el sol se puso y pude comer algo antes de cenar".

Dios que está en los cielos ve todas las cosas "simples" que hacemos por Él. Si bien la experiencia de Beth puede parecernos simple, fue un enorme paso de fe para ella. ¿Y acaso Dios no mide nuestra fe por la madurez de la misma y luego nos recompensa en consecuencia?

Así que ¿cuál fue el resultado? Varios de los jóvenes oraron para recibir a Cristo durante la presentación. Beth me dijo luego: "Sé que Dios honró mi fe, pero hice algo que realmente fue muy difícil". Luego me explicó el obrar de Dios y cómo se reflejó en sus oraciones y en las oraciones de los demás niños. "No parecía que hubiesen orado tanto como yo, y cuando Dios respondió, no parecían regocijarse tanto como yo".

¿Orar solo o con otros?

A veces disfrutamos de orar con otras personas que realmente pueden orar. Tienen la voz fuerte y logran comunicarse con Dios cuando hablan con Él. Fortalecen nuestra fe porque sabemos que Dios las va a escuchar y les va a responder. Es bueno orar con otros porque puedes experimentar su fe y ellos fortalecen tu fe para orar con más fuerza.

Pero también es bueno orar a solas. Alguien dijo: "Nuestros intercesores a solas con Dios pueden mover cualquier montaña al mover el cielo". ¿Acaso Jesús no dijo que entremos en nuestra habitación —a solas— y cerremos la puerta detrás de nosotros (ver Mateo 6:6a)? Jesús nos promete: *"Así tu Padre, que ve lo que se hace en secreto, te recompensará"* (Mateo 6:6b).

¿Cuál es la mejor manera de orar? ¿En privado o en grupo? Ambas son las mejores en tiempos diferentes. Debes caminar con la pierna izquierda y con la derecha para llegar a cualquier lado. Aquellos que renguean no llegan muy lejos, tampoco van muy rápido ni su viaje es agradable y eficiente.

Izquierda, derecha… izquierda, derecha… izquierda, derecha… izquierda, derecha… Se necesitan ambas piernas para llegar a cualquier lado. Debes aprender a orar en grupo y a solas.

Debido a que la oración es *relación*, es decir, hablar con Dios, puedes hacerlo a solas o en grupo. Puedes hablar con Dios en la cabina de tu camioneta o puedes orar interiormente mientras corres hacia el subterráneo en medio de la multitud o esperas en la fila para que el cajero te cobre lo que has comprado.

Las oraciones privadas llegan a Dios, así que aprende a orar interiormente por tu propia cuenta o a orar en silencio mientras te encuentras parado en medio de una multitud. Pero también aprende a ponerte de acuerdo en oración con otra persona o con varias personas. Puedes disfrutar ser levantado en las alas de la oración con una persona o cuando te unes a varias.

Oración a solas

Al leer este libro, te encuentras en un viaje de fe a solas. Nadie se te ha unido y te encuentras simbólicamente en tu "habitación de oración" privada orando a solas, como Beth. Tal vez seas parte de un grupo de ayuno. Muchas personas oran y ayunan por un proyecto de fe, pero aun en medio de un esfuerzo de grupo, este es tu viaje privado.

¿Por qué? Porque es la primera vez que ayunas o por que se te hace difícil abrirte para orar con otros. ¡Está bien! Dios escucha tu oración a solas porque Dios le responde a cualquiera que ora con sinceridad y con fe.

Anteriormente mencioné la habitación de oración. La Traducción en Lenguaje Actual lo traduce de la siguiente manera: *"Vaya a su cuarto (…) y hable allí en secreto con Dios, su Padre"* (Mateo 6:6, TLA). La versión Dios habla hoy dice: *"...entra en tu cuarto, cierra la puerta y ora a tu Padre en secreto"* (Mateo 6:6, Dhh). Debido a que la oración es una conversación íntima con Dios, busca un lugar personal y tranquilo para hacerlo.

Observa el ejemplo de La Biblia cuando Jesús oraba: *"...mientras Jesús oraba aparte"* (Lucas 9:18, RVR60), y otra vez: *"...se retiró de nuevo a la montaña él solo"* (Juan 6:15). El evangelio de Marcos describe esta situación: *"Cuando se despidió, fue a la montaña para orar"* (Marcos 6:46).

Cuando hables con Dios quizá te encuentres a solas, pero nunca estás solo. El Señor estará allí para escucharte y animarte.

Mi tiempo para orar

Señor, vengo al lugar privado a solas para buscar tu presencia.

Me encuentro ayunando y orando por el pacto que hice contigo.

Aun cuando otras personas oren por el mismo pedido, mi oración es privada y personal. La traigo delante de ti.

Señor, concédeme el pedido que te hago a solas. Amén.

Mi respuesta de hoy:

_____

_____

_____

_____

_____

_____

_____

_____

_____

_____

Para consultar las recetas sugeridas, ver las páginas 223-238

DÍA 2

Unirse a otros en el ayuno de Daniel

Nuestra capacidad para percibir la dirección de Dios en la vida está directamente relacionada con nuestra capacidad para sentir los mensajes internos de su Espíritu. Dios nos otorga una actividad específica para ayudarnos a hacerlo (...). Los hombres a través de los cuales Dios ha obrado grandemente han enfatizado el significado de la oración con el ayuno (...). En un ayuno extendido de tres días, se puede experimentar rápidamente una gran disminución de los deseos sensuales al mismo tiempo que se obtiene una gran conciencia de las cosas espirituales.

BILL GOTHARD

Pedirle a Dios cosas específicas es una regla de su Reino. Jesús nos dijo: *"Pidan, y se les dará; busquen, y encontrarán; llamen, y se les abrirá"* (Mateo 7:7).

Pedir de forma específica es una de las razones por las que me convertí, y esto fue motivado por un grupo de intercesores que oraron durante la mayor parte del verano de 1950. Acababa de graduarme de la escuela secundaria y me aceptaron en la universidad Armstrong Junior College en Savannah, Georgia, con una beca completa. Pero se había presentado oración por mí.

Dos hermanos mellizos del instituto bíblico Columbia Bible College —Bill y Burt Harding— llegaron para ser pastores en la iglesia Bonna Bella Presbyterian Church, a unos dieciséis kilómetros desde el centro de Savannah y ocho kilómetros de mi casa.

No había nada emocionante en Bonna Bella, ubicada sobre una pequeña ensenada con dos negocios, donde el tranvía cruzaba la avenida LaRoacha; pero los mellizos hacían de esta ciudad el comentario de Savannah.

Yo asistía a una iglesia presbiteriana y pensaba que era salvo; hasta hablaba sobre hacerme pastor. Pero mis planes no eran concretos. También había ganado una beca de trabajo en la universidad tecnológica Georgia Tech University debido a algunos planes arquitectónicos futuristas que había presentado en un concurso.

La pequeña iglesia Bonna Bella Presbyterian Church creció de 20 asistentes a más de 50 bajo el ministerio de Bill y Burt Harding. Los grupos de adolescentes de diferentes iglesias presbiterianas de todo Savannah iban a visitar la iglesia de Bonna Bella debido al entusiasmo que había allí.

Bill y Burt Harding vivían en un departamento arriba de un garaje doble que tenía una galería pequeña y cerrada, con unas pequeñas escaleras que llevaban al segundo piso. Tenían una reunión de oración cada día desde las cinco hasta las ocho de la mañana. Si hubiese escuchado acerca de esta reunión de oración, no habría ido. Nunca había escuchado de gente que de manera individual o grupal orara tanto tiempo.

Bill invitó a la pequeña congregación, diciendo: "Vengan a orar cuando van hacia el trabajo. No es necesario quedarse todo el tiempo, ni tampoco se necesita venir todos los días".

Los hermanos persuadieron a las personas de esa comunidad de que podían cambiar el mundo con la oración. "Pueden orar por un joven para que se convierta en misionero y lleve el Evangelio a todo el mundo".

Tenían una lista de casi sesenta nombres de jóvenes, que dejaban en la galería para guiar a los intercesores para que oraran por cada uno. Nunca fui a la reunión de oración, y solo escuché sobre ella después de ser salvo. Pero esa reunión ha influido al mundo.

Los hermanos dividían los turnos de la reunión de la mañana: uno de ellos se reunía con los guerreros de oración desde las cinco hasta las seis y media, y el otro lo hacía desde las seis y media hasta las ocho. Al día siguiente lo hacían al revés.

La galería era pequeña —larga y angosta—, por lo que no más de cinco o seis personas podían entrar en esa galería cerrada, seis como máximo. Había un patio grande y plano cubierto de césped frente al departamento, que tenía más lugar para los autos que para las personas.

Los habitantes de Bonna Bella eran todos obreros de un molino, pero eran personas reales. No había ningún ricachón, ni millonario ni nadie que intentara serlo. Tan solo trabajaban para cobrar su salario, cuidaban a su familia y trataban de hacer lo correcto. Pero les creían a Bill y Burt y trataban de influenciar al mundo mediante la oración por el avivamiento y por los sesenta nombres en esa hoja de papel.

Aún estaba oscuro esa mañana a las 5 cuando el primer auto estacionó frente al garaje y apagó las luces. Una figura solitaria subió las escaleras a la luz de la luna y se arrodilló al lado de los resortes de un viejo catre oxidado del ejército. Uno de los mellizos se arrodilló al lado de la vieja mecedora rechinante, la clase de mecedora que ya no se fabrica más. Apenas podía leer los nombres al lado del foco de luz amarillo que repelía insectos en el techo. Luego comenzaría a golpear las ventanas de los cielos:

Señor, salva a Elmer Towns...
Señor, salva a Arthur Winn...
Señor, salva a L. J. McEwen...
Señor, salva a Ann Perry...
Señor, salva a...

Luego, los intercesores oraban por los nombres de esa lista, como también por su pequeña iglesia y por un avivamiento, y finalmente por todo el mundo. "Señor, que una de estas personas se salve y sea de influencia al mundo".

En julio de 1950, los mellizos invitaron a Joel Ortendahl, su amigo del instituto bíblico Columbia Bible College para que predicara durante una semana de avivamiento. El primer día, el señor Ernie Miller y su esposa pasaron al frente para ser salvos. La noche siguiente la señora Miller se puso de pie en la iglesia para dar un testimonio. "Yo era testigo de Jehová e iba por todo el barrio testificando sobre Jehová. Ahora encontré a Jesús como mi Salvador y Él es mi Jehová".

"¡Amén!" y gritos de "¡Alaben al Señor!" se escucharon por toda la congregación presbiteriana, donde no era usual que se gritara. Luego la señora Miller continuó dando testimonio.

"Mi esposo, Ernest, nació judío. También fue salvo anoche, ahora conoce a Jesús como su Mesías".

"¡Amén! ¡Amén!", los gritos fueron más largos.

Esas noticias corrieron con rapidez por la comunidad adolescente. Todas las personas jóvenes de nuestra iglesia comenzaron a visitar la iglesia de Bonna Bella: Art Winn, Ann Perry, L. J. McEwen y yo, más otras personas de nuestra iglesia.

Cuando el reverendo Brian Nicholson escribió un proyecto doctoral del seminario teológico reformado, observó que diecinueve jóvenes de la iglesia presbiteriana Eastern Heights Presbyterian Church tenían un ministerio a tiempo completo[1]. Estas diecinueve personas fueron salvas en el avivamiento de Bonna Bella. Eso solo representaba una congregación de personas jóvenes en esa lista de sesenta por la que los hermanos Harding y su grupo de intercesores madrugadores oraron.

La tercera o cuarta noche del avivamiento, un hombre de mediana edad pasó al frente para recibir la salvación. Luego de la reunión, todas las personas que recién se habían convertido se pararon al frente de la iglesia y fueron presentadas a la audiencia. Él dijo: "No necesitan presentarme, todos ustedes me conocen. Soy el cartero". Contó que mientras manejaba por la avenida LaRoacha hacia allí sintió que salía calor del edificio de la iglesia presbiteriana. Al dejar atrás el edificio, el calor desapareció. Esto sucedía cada día en que se realizó el avivamiento.

Tiempo después, entendí que esto era la *presencia atmosférica* de Dios. Puedes caminar hacia la iglesia en que obra Dios y puedes sentir su presencia, así como puedes sentir la atmósfera húmeda fuera, un día nublado cuando no llueve.

El cartero dijo que había venido a la reunión de avivamiento para descubrir qué sucedía. Dijo: "Me bauticé en una iglesia bautista siendo adolescente y desde entonces fui maestro de la escuela dominical y un diácono bautista, pero hoy nací de nuevo… ¡Aleluya, soy salvo!". Hubo más gritos presbiterianos de "¡Amén!" y "¡Aleluya!".

El 25 de julio de 1950 recibí a Cristo como Salvador. Me negué a pasar al frente al pensar que era salvo. Pero debido a una tremenda convicción de pecado, tenía que hacer algo. Nadie pasó al frente ese jueves a la noche. Bill Harding caminó hacia la mesa de comunión y dijo: "¡Se supone que alguien pase al frente esta noche y entregue su corazón a Cristo, pero esa persona dice 'no'!".

Sabía que Bill me hablaba a mí. Dijo: "Ve a casa, arrodíllate junto a tu cama, mira al cielo y di: 'Jesús, entra en mi corazón y sálvame'".

Hice la oración alrededor de las 23:15 y supe instantáneamente que había nacido de nuevo. Mi vida nunca volvió a ser la misma.

Puedes orar de la misma manera que esas personas reunidas en la galería cerrada del departamento, arriba del garaje. Quizá hayas hecho un compromiso de ayunar por una respuesta particular a la oración o te hayas unido a otras personas para confiar en Dios en cuanto a un propósito en particular.

Dios ama la unidad, por eso Jesús les dijo a sus discípulos: "…

ustedes quédense en la ciudad hasta que sean revestidos del poder de lo alto" (Lucas 24:49). ¿Qué hicieron? *"Todos, en un mismo espíritu, se dedicaban a la oración"* (Hechos 1:14). Siguieron las instrucciones del Señor y el Espíritu Santo los llenó a cada uno de ellos el día de Pentecostés (ver Hechos 2:1-4).

Observa cómo la Iglesia en el libro de los Hechos se reunía en oración: *"Después de haber orado, tembló el lugar en que estaban reunidos"* (Hechos 4:31). Otra vez: *"Pero mientras mantenían a Pedro en la cárcel, la iglesia oraba constante y fervientemente a Dios por él"* (Hechos 12:5).

Se pueden obtener los mismos resultados cuando separas y entregas tu vida a un propósito de oración, y cuando te ligas con otras personas en unidad para ver a Dios obrar en medio de ti. Cuando muchas personas se ponen de acuerdo con el ayuno de Daniel, Dios honra su fe. *"Además les digo que si dos de ustedes en la tierra se ponen de acuerdo sobre cualquier cosa que pidan, les será concedida por mi Padre que está en el cielo"* (Mateo 18:19).

MI TIEMPO PARA ORAR

Señor, uno mi vida a otras personas para ayunar e interceder por un propósito de oración; dame la respuesta que te pido.

Que pueda fortalecer la fe de otros al mismo tiempo que ellos fortalecen la mía. Juntos ayunamos e intercedemos por nuestro propósito de oración.

Señor, vengo a ti en forma privada, aun cuando estoy en compañía de oración con otras personas, para pedirte por el propósito de oración con el que me comprometí. Amén.

Mi respuesta de hoy:

_____

_____

_____

_____

_____

_____

_____

_____

_____

_____

_____

_____

_____

_____

_____

_____

_____

Notas:
1.   Brian Nicholson, *History of Providence Presbyterian Church, Savannah Georgia* [Historia de la iglesia presbiteriana Providence Presbyterian Church, Savannah, Giorgia], proyecto teológico para el seminario teológico *Reformed Theological Seminary*, Jackson, Mississippi.

Para consultar las recetas sugeridas, ver las páginas 223-238

DÍA 3

Compromiso diario
durante el ayuno

El ayuno puede fortalecer tu fe y acercarte a Dios, al ayudarte a ser un verdadero vencedor en Cristo. El ayuno es un verdadero don para los cristianos que desean ser más efectivos en la oración.

ELMER TOWNS

La decisión que tomas con Dios al comenzar el ayuno de Daniel es mucho más importante que la comida que eliges dejar de comer o cualquier otra actividad que sacrifiques para Dios.

El ayuno original de Daniel se describe en la versión Nueva Traducción Viviente de la siguiente manera: *"Daniel estaba decidido a no contaminarse con la comida y el vino dados por el rey"* (Daniel 1:8). La Nueva Versión Internacional dice lo siguiente: *"Daniel se propuso"*, mientras que la versión Reina Valera expresa: *"Daniel propuso en su corazón"* y la Traducción en Lenguaje Actual: *"Daniel decidió"*. Todos estos sinónimos apuntan a una voluntaria decisión de cambio de vida. Tu ayuno de Daniel será efectivo cuando tomes un compromiso de cambio de vida —a lo largo de este libro se denomina pacto— que modificará tu comida o tus actividades mientras intercedes por tu propósito de oración.

Has hecho un pacto original de orar y ayunar por un proyecto de fe. Ahora debes hacer elecciones diarias para continuar ayunando.

Recuerda que una elección involucra toda tu personalidad: tu intelecto, tus emociones y tu voluntad. Primero lo sabes en tu mente, pero el conocimiento por sí solo no es suficiente para cambiar tu vida ni tampoco te dará el propósito de oración que buscas. Tus emociones pueden sacudirse por el ayuno, pero emocionarse tan solo puede cambiar las cosas superficiales. Quizá cambies unas pocas cosas —al estar emocionado— y ¿qué acerca del largo recorrido? Tu vida será transformada cuando tu voluntad haga una elección basada en lo que tu mente conoce y cuando tus emociones sean movidas hacia el propósito de oración.

No tienes el poder para obedecer hasta que no hayas tomado la decisión de obedecer.

Aprendí el poder de la elección gracias a mi joven maestro de escuela dominical, al crecer en la iglesia presbiteriana Eastern Heights Presbyterian Church en Savannah, Georgia. Mi maestro, Jimmy Breland, saturó nuestras mentes con La Biblia. Memorizábamos y repetíamos un versículo de La Biblia cada domingo, sumado a que yo memorizaba el catecismo de niños de Westminster (un resumen de teología básica). Parecía que me hubiese aprendido todas las listas de La Biblia: los doce discípulos, las doce tribus de Israel, los días de la creación, las plagas de Egipto, los veintidós reyes de Judá y demás. Pero saber La Biblia no cambió mi vida.

Luego, Jimmy Breland nos contó algunas historias para desatar nuestras emociones, historias para hacernos reír, llorar y algunas que me asustaron acerca del cielo y del infierno. Pero desatar mis emociones no cambió mi vida.

Después de contarnos la historia de cómo Jacob desobedeció a sus padres, Jimmy nos dijo: "Levanten su mano derecha y repitan después de mí…". Hice como nos dijo y repetí lo siguiente:

Prometo…
obedecer a mi mamá siempre,
así que, Dios, ayúdame.

Al bajar la mano, me dije a mí mismo: "¿Qué acabo de decir?". Luchaba contra la obediencia, como la mayoría de los chicos lo hacen. Examiné mi corazón y me pregunté: "¿Voy a obedecer siempre a mi mamá, cueste lo que cueste?".

Los siguientes domingos en la clase de Jimmy Breland, levanté mi mano y prometí no robar en las tiendas, no mentir, no fumar, no beber cerveza y demás.

Jimmy Breland fue el maestro más influyente que haya tenido porque llenó mi mente con Las Escrituras, despertó mis emociones con las historias e hizo que me comprometiera a hacer bien las cosas al hacerme levantar la mano derecha con una promesa a Dios.

Cuando tenía 10 años, fui a dar una vuelta a una pequeña tienda del barrio cerca de mi casa. Mi mano rozó unos chocolates en el mostrador más bajo. Un pensamiento cruzó mi mente: "Podría haber robado ese chocolate, y la mujer detrás del mostrador nunca me habría visto".

Esa noche, me acosté en la cama y pensé en robar uno de esos chocolates. Era extremadamente tentador si uno era tan pobre como lo era mi familia. Casi nunca teníamos dinero para chocolates.

Al día siguiente hice un paseo de prueba. Tomé una barra de chocolate cuando la empleada no miraba. Sostuve ese premio de barra de chocolate en mi mano casi como un borracho toquetea un vaso de *whisky*. Lo volví a colocar en su lugar y salí de la tienda sin robar nada, pero pensando: "Puedo hacerlo".

El domingo siguiente, Jimmy Breland enseñó una lección sobre robar y despreocupadamente dijo: "No quiero que ninguno de ustedes robe un chocolate de la tienda".

"¿Quién le contó...?" De inmediato me dio pánico. Me sentí atrapado como si hubiese completado el delito.

Luego me di cuenta: "Yo no le dije a nadie". Así que me pregunté: "¿Cómo lo supo?". En ese momento lo supe.

"Dios se lo dijo".

Aun en mi mente de 10 años, tenía una conciencia de Dios que me traía gran culpa. Me di cuenta de que Dios conoce los pensamientos de nuestro corazón. Así que Jimmy Breland nos hizo levantar la mano y decir:

Prometo...
no robar nunca...
de una tienda...
Señor, ayúdame.

Sin que Jimmy Breland ni los demás miembros de la clase lo supieran, yo agregué: "Nunca voy a robar un chocolate". Lo propuse en mi corazón, así como Daniel lo propuso en el suyo.

Hay cinco cosas con las que debes comprometerte con Dios en este ayuno. Si aún no lo has hecho, debes entregar a Dios las siguientes cinco cosas: tiempo, templo, talento, testimonio y tesoro.

En primer lugar, debes entregar el *tiempo* de tu ayuno a Dios. Promete comenzar y terminar de acuerdo con el tiempo límite que estableciste en tu lista de control. Si haces el ayuno de Daniel con un grupo, promete hacer el ayuno el tiempo que el grupo ayune: *Señor, prometo refrenarme de la comida o de otras actividades mientras dure mi ayuno.*

El segundo aspecto del ayuno de Daniel es tu *templo*. Has prometido comer de forma saludable durante este ayuno. Debes entregar tu templo corporal a Dios: *Señor, te entrego mi cuerpo físico a ti. No voy a comer ni a beber nada que dañe mi cuerpo. Voy a abstenerme del alcohol, de las drogas, de la adicción y de la glotonería.*

La tercera parte de tu vida que debes entregar a Dios es tu

talento o tus capacidades. En el ayuno de Daniel, es entregar tu capacidad de oración a Dios. Debes ir más allá de cualquier cosa que hayas conocido sobre Dios y sobre la oración en el pasado. Debes orar de varias maneras[1] y en varios momentos: *Señor, prometo mantener mi tiempo de oración durante este ayuno. Ayúdame a orar de manera más efectiva y ayúdame a conocer la intimidad de tu presencia.*

El cuarto aspecto de tu compromiso es tu testimonio. Aquellas personas que se unieron a ti en tu propósito de oración te observarán. Puedes ser un estímulo para ellas como ellas lo son para ti. Sé fuerte por todos los amigos que te miran: *Señor, llena mi vida con tu presencia. Ayúdame a mantener mi ayuno fuerte hasta el final. Utiliza mi ayuno como un testimonio para animar a otros. Que las demás personas vean a Cristo en mí.*

La quinta área es tu *tesoro* o tu dinero. Es obvio que le das tus diezmos y ofrendas a Dios, en general a través de la iglesia. Si no lo haces, recuerda el desafío de Dios: *"Traigan íntegro el diezmo para los fondos del templo (…). Pruébenme en esto dice el* —Señor Todopoderoso—, *y vean si no abro las compuertas del cielo y derramo sobre ustedes bendición hasta que sobreabunde"* (Malaquías 3:10). Recuerda que cuando das todo tu dinero a Dios, Él deja que utilices el 90% para tus necesidades. El 10% se utiliza para su obra: *Señor, te entrego todos mis tesoros a ti. Úsalos en tu obra.*

Al continuar tu ayuno de Daniel, enfrentarás muchas tentaciones para abandonarlo. Recuerda que abandonarlo es una decisión como lo fue comenzarlo. Sin embargo, la grandeza de tu decisión de comenzar será mayor que cualquier tentación por abandonarlo. Hay mucho por perder al abandonarlo, y está todo por ganar al continuar hasta el final. Nunca conocerás la plenitud de lo que Dios hará si lo abandonas pronto. Nunca conocerás el gozo de un trabajo bien hecho si no sigues firme hasta el final.

MI TIEMPO PARA ORAR

*Señor, he propuesto en mi corazón interceder por un
propósito de oración, no voy a abandonarlo.*

*Señor, no voy a ceder a mi apetito por romper el ayuno
de Daniel. Voy a ser fuerte hasta el final.*

*Señor, necesito que me fortalezcas y me des poder. Ayúdame a saber que:
"Todo lo puedo en Cristo que me fortalece"* (Filipenses 4:13). *Amén.*

MI RESPUESTA DE HOY:

_____

_____

_____

_____

_____

_____

_____

_____

_____

_____

Notas

1. Para aprender más formas de orar, lee *How to Pray When You Don't Know What to Say* [Cómo orar cuando no sabes qué decir] de Elmer Towns (Ventura, Regal Books, 2006).

Para consultar las recetas sugeridas, ver las páginas 223-238

DÍA 4

Orar y ayunar por un proyecto

El ayuno ha quedado casi por completo fuera de la vida de una persona común. Jesús condenó la clase equivocada de ayuno, pero nunca quiso decir que el ayuno debía eliminarse por completo de la vida. Haríamos bien al practicarlo a nuestra manera y de acuerdo con nuestras necesidades.

WILLIAM BARCLAY

¿Has comenzado el ayuno de Daniel porque oras por un proyecto? Si es así, necesitas saber que no eres el primero en ayunar y orar por esto. Muchos otros hicieron lo mismo. Veremos a Esdras, porque él ayunó y oró para resolver un problema que enfrentaba en particular. Aprenderemos de él algunos principios básicos para hacer el ayuno más efectivo.

Al escribir este capítulo me encuentro ayunando y pidiéndole a Dios que me guíe. Anoche no cené, ni desayuné hoy a la mañana ni almorcé al mediodía. Dedico el tiempo de estas comidas en oración por este proyecto.

El libro de Esdras nos cuenta cómo los judíos regresaron a la tierra prometida luego de setenta años de cautividad. Dios utilizó a Nabucodonosor, rey de Babilonia, para castigar al pueblo de Dios, en primer lugar, por su idolatría, pero también otros pecados los llevaron a la cautividad. Nabucodonosor destruyó Jerusalén y envió a la mayoría de los judíos a Babilonia.

Casi cien años después, las naciones medo-persas derrotaron a Babilonia, y su rey, Ciro de Persia, por medio de un decreto, permitió a los judíos regresar a su tierra natal y reconstruir el templo.

Zorobabel guió de regreso al primer grupo de refugiados, y comenzó la reconstrucción del templo. Las naciones vecinas provocaron problemas y la reconstrucción fue lenta, pero se terminó en 515 a.C.

Luego, Esdras, un sacerdote, intentó guiar a otro grupo y reunió algunos levitas para que lo acompañaran. Se reunieron en las orillas del río Ahava (Esdras 8:15), cerca del río Éufrates. Para regresar a Israel tenían que cruzar el implacable desierto y abandonar la civilización a través del poderoso Éufrates.

Esdras enfrentó un problema que parecía insuperable. El desierto estaba habitado por tribus nómadas salvajes; muchas eran grupos de ladrones que atacaban a las caravanas por sus tesoros. Esdras confesó: *"...sentí vergüenza de pedirle al rey que nos enviara un pelotón de caballería para que nos protegiera de los enemigos"* (Esdras 8:22a).

Esto era similar a los trenes con vagones de mercancías de los colonizadores de Estados Unidos, que necesitaron la protección de la caballería cuando cruzaron el territorio indígena en el siglo XIX. Pero Esdras había agravado el problema al presumir: *"...le habíamos dicho al rey que la mano de Dios protege a todos los que confían en él"* (Esdras 8:22b). Esto dio lugar a su necesidad de ayunar por seguridad.

Él tenía aproximadamente cuatro mil hombres que iba a llevar de nuevo a casa. Estos judíos habían ido a sus parientes y amigos que no iban a regresar para que les dieran una ofrenda de dinero u objetos de valor para reconstruir el templo. Era una ofrenda enorme:

Lo que pesé fue lo siguiente: veintiún mil cuatrocientos cincuenta kilos de plata, utensilios de plata que pesaban tres mil trescientos kilos, tres mil trescientos kilos de oro, veinte tazas de oro que pesaban ocho kilos, y dos recipientes de bronce bruñido de la mejor calidad, tan preciosos como el oro.

—ESDRAS 8:26-27

¿Qué harías si te enfrentaras con este amenazante problema? *"Así que ayunamos y oramos a nuestro Dios pidiéndole su protección"* (Esdras 8:23). Este no era un problema individual, sino que tenía un amplio alcance de importancia nacional. Además, la casa de Dios estaba en peligro. Recuerda que un problema privado requiere un ayuno privado; un problema de familia requiere un ayuno de familia; un problema nacional requiere un ayuno nacional.

¿Cuán crucial es el ayuno de Daniel para aquello por lo cual oras? ¿Acaso el progreso de la obra de Dios se ve amenazado? ¿Tu crecimiento espiritual personal está en peligro? ¿Acaso hay riesgo de pérdida si el ayuno no tiene éxito? ¿El honor de Dios está en juego?

Principios para ayunar por un proyecto

Paso 1: Busca a aquellas personas que ayunarán por el proyecto. Es muy probable que estés preparado para el ayuno de Daniel y que ya estés comprometido con el proyecto. Así que lo primero que debes hacer es encontrar a aquellas personas que también tengan la misma carga por el proyecto. Debes ayunar y orar con otros.

Paso 2: Comparte el problema. Si algunas personas van a ayunar por un problema, debes conocerlo o ser parte en el proyecto. Esdras dijo: *"...proclamé un ayuno para que nos humilláramos ante nuestro Dios y le pidiéramos que nos acompañara durante el camino, a nosotros, a nuestros hijos y nuestras posesiones"* (Esdras 8:21). Ayunaron porque tenían una legítima razón para tener miedo. Cuantas más personas sientan el problema, más probable será que ayunen por el proyecto.

Paso 3: Ayuna seriamente. Esdras comunicó la gravedad del problema a las personas. Así que cuando entendieron el peligro, ayunaron y oraron voluntariamente por protección. Esdras los desafió: *"...para afligirnos delante de nuestro Dios"* (Esdras 8:21,

RVR60). La palabra "afligir" en este versículo contiene la idea de pesar, luto y arrepentimiento. Cuando Israel ayunaba, en general enfrentaban un peligro que amenazaba la vida, o una sequía o una peste. Las personas ayunaban seriamente en esos momentos. En ese caso, el ayuno no era una carga sino su único medio de liberación.

El ayuno produce

Introspección espiritual
Examen espiritual
Confesión espiritual
Intercesión espiritual

Paso 4: Ayuna antes de intentar una solución. A menudo esperamos hasta que estamos dentro del problema, luego tratamos de salir de él de cualquier manera posible. Pedimos dinero prestado, le pedimos ayuda a algún amigo, trabajamos tiempo extra o recortamos nuestros gastos. Después de que nada de esto funciona, oramos por el problema. Finalmente, cuando la oración tampoco parece funcionar, ayunamos y llevamos la oración a un nivel más alto.

El ayuno no debiera ser lo último que intentamos hacer en medio de la desesperación. ¡No! Debemos ayunar por un problema antes de que se convierta en un problema. Necesitamos probar el *ayuno defensivo*. Esdras hizo algo aun antes de tratar de solucionar el problema: *"A estos jefes de familia los reuní junto al arroyo que corre hacia el río Ahava, y allí estuvimos acampados tres días"* (Esdras 8:15). Observa lo que no hizo:

No ayunó mientras viajaba.
No ayunó solo antes de reunir al pueblo.

No trató de solucionar el problema antes de ayunar.

Esto indica que debes reconocer la naturaleza espiritual de tu problema antes de comenzar a solucionarlo. En realidad, debemos desarrollar una "mentalidad de ayuno", una actitud de dependencia en Dios para todas las veces que no ayunamos.

Paso 5: Ayunar en el lugar con entendimiento. En el cristianismo moderno se ha desarrollado un nuevo movimiento denominado "caminata de oración". Esto es orar en el lugar, con entendimiento. Significa que oras más seriamente cuando en realidad ves el problema con tus propios ojos que cuando piensas en ello o, incluso, que cuando tratas de imaginarlo mentalmente.

Cuando estás parado en un lugar de necesidad,
oras con más atención.

En realidad, las caminatas de oración se practicaban en Las Escrituras. Dios le dijo a Abraham que caminara por la tierra que Él —el Señor— le iba a entregar (ver Génesis 13:17). Dios le dio instrucciones también a Josué para que caminara alrededor de la ciudad de Jericó una vez por día durante siete días, y luego siete veces al séptimo día. Además a Josué se le dijo que caminara por la tierra que iba a conquistar (ver Josué 1:3-9).

Esdras puso a las personas cara a cara con su problema, es decir, en la orilla del río Ahava, antes de lanzarlos al desierto. Quizá luego de observar el desierto por tres días, las personas se sentirían más desafiadas a orar y ayunar. *"...estando cerca del río Ahava, proclamé un ayuno"* (Esdras 8:21).

Paso 6: Orar y ayunar por una guía paso a paso. Ellos ayunaron antes de entrar en el problema, cuando podían pensar y planificar con más inteligencia. En medio del problema generalmente no pensamos con precisión.

Si puedes reducir un problema grande a piezas más pequeñas, en general puedes resolver problemas pequeños con más facilidad y más rápido que un problema más grande. Así que haz eso antes de que te rodee un problema o antes de que te ahogues en uno.

Antes de que te golpee el problema, ora no solo por la solución final sino también para obtener la guía de Dios en la solución paso a paso para los problemas más pequeños a lo largo de todo el camino. Esdras podría haber tomado muchas rutas hacia Jerusalén, así como en general existe más de una manera de resolver tu problema. Probablemente, ciertos caminos eran más transitados que otros; algunos eran más utilizados por soldados o por tribus feroces que podían ayudar a pelear contra los ladrones. Como resultado, algunos caminos eran más seguros que otros.

Esdras llamó a un ayuno *"para solicitar de él* [Dios] *camino derecho para nosotros"* (Esdras 8:21, RVR60). La Biblia nos enseña que la soberanía de Dios guía nuestros caminos, pero debemos utilizar el sentido común a lo largo del recorrido. *"El corazón del hombre traza su rumbo, pero sus pasos los dirige el* Señor*"* (Proverbios 16:9).

¿Entonces por qué Esdras y su séquito ayunaron? *"Así que ayunamos y oramos a nuestro Dios pidiéndole su protección"* (Esdras 8:23).

Paso 7: Utiliza el sentido común. Esdras tenía una impresionante cantidad de dinero para enviar a Jerusalén. No era suyo ni tampoco les pertenecía a los que viajaban con él. Era dinero de Dios. Así que Esdras utilizó el ingenio. Dividió el dinero entre todas las personas que iban a viajar para que cada una de ellas llevara algo de dinero. Si los atacaban, razonó Esdras, al menos aquellas que lograran llegar a salvo podrían entregar el dinero de Dios para Jerusalén.

En presencia de ellos pesé el oro, los utensilios sagrados y las ofrendas que el rey, sus consejeros, sus funcionarios más importantes y todos los israelitas allí presentes habían entregado para el templo de Dios. Lo que

*pesé fue lo siguiente: veintiún mil cuatrocientos cincuenta kilos de plata,
utensilios de plata que pesaban tres mil trescientos kilos, tres mil trescientos kilos de oro, veinte tazas de oro que pesaban ocho kilos, y dos recipientes de bronce bruñido de la mejor calidad, tan preciosos como el oro*

—ESDRAS 8:25-27

Esdras les encomendó el dinero de Dios: *"Ustedes y los utensilios han sido consagrados al SEÑOR"* (Esdras 8:28). Les recordó que
el dinero y que también ellos le pertenecían a Dios.

El sentido común de Esdras se aplicó en la responsabilidad
de cada uno de los que llevaba el dinero de Dios. Es muy fácil
para aquellos que manejan el dinero de Dios utilizarlo equivocadamente, o emplearlo para sus propios objetivos o hasta dar lugar
a los robos (el robo se encuentra en el corazón, no en las manos).
Cuando llegaron a Jerusalén, contaron el dinero: *"Ese día pesamos
y contamos todo, y registramos el peso total"* (Esdras 8:34).

El hecho de que Esdras fuera un hombre espiritual no signi-
ficaba que fuera ingenuo. Una caja registradora hace que sus empleados sean honestos. Dos o más personas que cuentan la ofrenda de la iglesia hacen que sean responsables ante el resto de las
personas y, a fin de cuentas, ante Dios. ¿Qué les sucedió a Esdras y
sus hombres? *"Así que ayunamos y oramos a nuestro Dios pidiéndole
su protección, y él nos escuchó"* (Esdras 8:23).

MI TIEMPO PARA ORAR

Señor, voy a ayunar por proyectos grandes antes de intentar resolverlos.

*Señor, voy a examinar todos los hechos y a tratar de entender un problema
y luego voy a pedirte que me des una perspectiva de cómo resolverlo.*

Señor, voy a tratar de partir los problemas grandes en piezas más

*pequeñas, y luego trabajar en ellos de a uno por vez. Ayúdame a
utilizar mi sentido común para resolver mis problemas.*

*Señor, voy a amar a todas las personas, pero cuando se trate de dinero voy
a hacerlas responsables porque quiero que sean honestas.*

Señor, voy a ayunar y me voy a regocijar en tu bondad luego de que honres mi ayuno y respondas mi oración. Amén.

MI RESPUESTA DE HOY:

_____

_____

_____

_____

_____

_____

_____

_____

_____

_____

_____

_____

_____

_____

_____

Para consultar las recetas sugeridas, ver las páginas 223-238

DÍA 5

Los beneficios de un ayuno prolongado

En aquella ocasión yo, Daniel, pasé tres semanas como si estuviera de luto. En todo ese tiempo no comí nada especial, ni probé carne ni vino, ni usé ningún perfume.

—DANIEL 10:2-3

¿Cuánto tiempo debes ayunar? Algunas personas ayunan por un día, algunas por diez días, otras por veintiún días y muy pocas lo hacen por cuarenta días.

Yo ayuno regularmente siguiendo la secuencia del ayuno del Antiguo Testamento, es decir, de atardecer a atardecer. Esto se llama el ayuno *Yom Kippur*, porque a todos los judíos se les ordenó que ayunaran ese día. *"El día diez del mes séptimo ayunarán y no realizarán ningún tipo de trabajo"* (Levítico 16:29). Los judíos recibieron la guía de Dios mismo, que dijo que los días de la creación comenzaron de la siguiente manera: *"Y vino la noche, y llegó la mañana: ese fue el primer día"* (Génesis 1:5).

En general, cuanto más apremiante es el problema, más tiempo ayuno. Cuando tengo una necesidad seria, ayuno más que un solo día. Mi ayuno de un solo día es para conocer a Dios de forma más íntima.

El ayuno de Daniel es generalmente de diez o de veintiún días. En ambas ocasiones él enfrentó un gran desafío, así que respondió con un gran compromiso en la oración.

Para el primer ayuno, Daniel desafió al oficial babilónico que lo tenía a cargo: "*...haz con tus siervos una prueba de diez días. Danos de comer sólo verduras, y de beber sólo agua*" (Daniel 1:12).

Tiempo después en su vida (probablemente a los noventa y tantos años) Daniel describió un ayuno de veintiún días: "*En aquella ocasión yo, Daniel, pasé tres semanas como si estuviera de luto. En todo ese tiempo no comí nada especial, ni probé carne ni vino, ni usé ningún perfume*" (Daniel 10:2-3).

Pareciera que la primera vez que Daniel ayunó durante diez días hubiera sido un tiempo preprogramado para él. El segundo ayuno parece reflejar un período entregado a la oración, al luto y a buscar a Dios para obtener una respuesta. Un ángel fue enviado a Daniel el día veintiuno y le dijo: "*No tengas miedo, Daniel. Tu petición fue escuchada desde el primer día en que te propusiste ganar entendimiento y humillarte ante tu Dios. En respuesta a ella estoy aquí*" (Daniel 10:12).

Probablemente ayunes con un grupo de personas de tu iglesia o tal vez de otra organización. Alguien más ha establecido el tiempo para este ayuno de Daniel, sean diez o veintiún días. (Dios no va a medir el éxito de tu ayuno tan solo porque ayunes diez o veintiún días. Él mira la calidad de tiempo que pasas en su presencia y luego te recompensa por la naturaleza bíblica de tu intercesión).

Seá cual fuera la duración de tu ayuno de Daniel, hazlo voluntariamente y sométete al liderazgo espiritual (ver Hebreos 13:17). Nunca te quejes de la duración ni de ningún otro aspecto de lo que el grupo al que perteneces practique en este ayuno: *Señor, voy a ayunar con fuerzas hasta el final.*

Los beneficios de un ayuno prolongado

Antes que nada, pregunta cuán serio es el propósito de oración por el que oras. Si es un propósito extremadamente fundamental, entonces, obviamente, vas a pasar cuanto más tiempo te sea posible en oración, para asegurarte de que Dios escuche y responda. A veces, Dios no responde a una oración hecha con rapidez cuando lo ubicamos apretado dentro de nuestras agendas súper ocupadas.

Sí, Dios escuchó la oración desesperada de Pedro cuando comenzó a hundirse bajo las olas de la tormenta. Su oración por ayuda estaba llena de pánico porque la situación amenazaba su vida. Obviamente, una oración hecha con rapidez es efectiva, pero es probable que necesitemos orar más tiempo por los problemas difíciles de solucionar. ¿Por qué? Porque lleva más tiempo solucionar ciertos problemas. Así que pregúntate: "¿Cuán serio es este propósito de oración?". Si es serio y fundamental, entonces comprométete con un tiempo límite de diez o veintiún días y determina permanecer hasta el final de este período.

En segundo lugar, tu oración va a crecer en intensidad a medida que tu ayuno transcurre. Vas a desarrollar más fe con el paso del tiempo. Ayunar por diez o veintiún días es como correr una carrera; cuanto más cerca te encuentras de la recta final, comienza a fluir más adrenalina y das un "salto" para terminar la carrera.

Al orar durante el ayuno de Daniel probablemente te mantengas firme con las oraciones en el comienzo. Usualmente, nos rezagamos en medio del ayuno. Pero hacia el final, nuestra intensidad de oración comienza a notarse. Tal vez se deba a que se ha empezado a juntar dinero, o una persona enferma comienza a recuperarse o se ve un progreso en la finalización de una meta. Con cualquier éxito, te motivarás a orar más profundamente o a orar con más urgencia hacia el final de tu ayuno.

A veces hay poco progreso o ninguno hacia el final del propósito de fe. Este es el tiempo en que te desanimas y abandonas. Si no sucede nada, algunas personas bajan la intensidad de su oración. Así es la naturaleza humana; algunas personas necesitan una estimulación externa para seguir orando o para continuar con el ayuno de Daniel hasta el final.

Pero recuerda que no te comprometiste con un grupo o con una iglesia. Tu compromiso de fe con el ayuno de Daniel fue hecho con Dios. ¿Acaso no crees que Dios sabía del éxito del proyecto antes de que te comprometieras o antes de que establecieras la meta? Entonces ayuna hasta el final de tu compromiso para agradar a Dios.

También hay otro factor: sé auténtico contigo mismo. Si te has comprometido con diez o veintiún días, entonces debes guardar tu palabra para tu integridad. Si abandonas muy pronto, tu autopercepción se nubla y tu autodeterminación se debilita. Probablemente no guardes tu palabra en otras promesas que no tengan nada que ver con el ayuno.

Hay una tercera razón por la que necesitas tiempo para ayunar: para que tu fe crezca se necesita tiempo. Cuanto más ores por un proyecto, más fuerte se volverá tu fe.

¡Mira a Abraham! Cuando Dios lo llamó por primera vez y le prometió que levantaría una nación a través de sus hijos, La Biblia lo describe como "débil en la fe" (Romanos 4:19, RVR60). ¿Acaso no fue a Egipto y permitió que su esposa fuera llevada al harén del faraón? ¿No se involucró con Agar, una concubina egipcia?

Pero Dios pacientemente fortaleció la fe de Abraham para que creyera en que Él podía hacer lo que prometía. *"Su fe no flaqueó (…). Ante la promesa de Dios no vaciló como un incrédulo, sino que se reafirmó en su fe y dio gloria a Dios"* (Romanos 4:19-20).

Tal vez tengas una fe débil al comenzar el ayuno de Daniel. Pero al continuar ayunando —día tras día— descubrirás que tu fe comienza a fortalecerse al aprender cómo orar.

Entonces, ¿por qué ayunar por diez o incluso por veintiún días? Probablemente, comiences tu ayuno con una fe inmadura. Quizá, todo lo que sabes con seguridad es que Jesús te salvó, que Dios es tu Padre y que el Espíritu Santo te guía. Pero puedes crecer a una fe de intercesión para lograr llegar a Dios mediante el ayuno y la oración. Puedes crecer "de fe en fe" en este ayuno de

Daniel. Tal vez necesites los veintiún días hasta que tengas una fe suficientemente fuerte para orar con audacia.

Si tu fe es débil (ver Romanos 14:1), entonces comienza a orar a diario, como el padre que no tenía suficiente fe para sanar a su hijo pero quería que su hijo fuera sano. Oró de la siguiente manera: *"Creo; ayuda mi incredulidad"* (Marcos 9:24, RVR60).

Una cuarta razón para ayunar por un largo tiempo es para que el proyecto pueda crecer en tu mente. Si otra persona estableció el propósito de tu ayuno, quizá no tengas la misma carga que el líder de tu grupo o que tu pastor. Tal vez ayunas por un nuevo templo para tu iglesia o por un proyecto evangelístico o cualquier otra meta. Cuando la meta fue establecida por otra persona, no se siente con tanta profundidad como si la hubieras establecido tú mismo, en especial si es para tu ministerio personal.

Así que un tiempo prolongado de ayuno y oración enfocará la meta en tu corazón. Es probable que sientas una carga mayor al continuar ayunando por tu propósito. Puede tomar tiempo que Dios hable a tu corazón y te muestre la importancia de ese propósito.

Cuanto más tiempo ores por el propósito del ayuno, verás con más claridad cómo Dios utiliza ese propósito para expandir su Reino y glorificar su nombre.

Mantén tus ojos físicos abiertos al mirar los registros de tu propósito. Si puedes, visita el lugar, camina alrededor del área por la que oras. A esto lo denomino "oración geográfica". Dios puede utilizar las circunstancias en el lugar de tu propósito de fe para intensificar la urgencia de tu oración por ese propósito.

Hay otra cosa que la oración geográfica hace por ti. Revive tu memoria recesiva. Muchos recuerdos se revivirán cuando ores en el lugar por el pides. Quizá hayas sido salvo ese altar de oración o tal vez Dios haya redirigido tu vida hacia esa ubicación.

El quinto beneficio de un ayuno prolongado es que usualmente toma tiempo encontrar pecado en tu vida y tratarlo con la sangre de Cristo. Quizá pueda haber pecado oculto en tu corazón o tal vez estés ciego a otro pecado obvio. Recuerda lo siguiente: *"Si en mi corazón hubiera yo abrigado maldad, el Señor no me habría escuchado"* (Salmo 66:18). Debido a que justificamos algunos de nuestros pecados, no vemos el pecado oculto en nuestro corazón que dificulta la respuesta a nuestras oraciones.

Al permanecer en la presencia de Dios, te das cuenta de que *"Dios no escucha a los pecadores"* (Juan 9:31) y de que *"Son las iniquidades de ustedes las que los separan de su Dios. Son estos pecados los que lo llevan a ocultar su rostro para no escuchar"* (Isaías 59:2).

Recuerda que tienes un enemigo que se te opone. Satanás no quiere que seas santo y que estés separado del pecado. Él no quiere que recibas las respuestas a tus oraciones. No quiere que disfrutes de la intimidad con Dios. Satanás te ciega al pecado en tu vida para que no te arrepientas del mismo. Utiliza la ceguera satánica para tenerte entre sus manos: *"El dios de este mundo ha cegado la mente de estos incrédulos, para que no vean la luz del glorioso evangelio de Cristo, el cual es la imagen de Dios"* (2 Corintios 4:4).

Por eso necesitas orar como David: *"Examíname, oh Dios (…). Fíjate si voy por mal camino"* (Salmo 139:23-24). Quizá lleve tiempo que Dios te revele el pecado oculto que bloquea su bendición para tu vida.

Puedes estar seguro de que si le pides a Dios que te muestre tu pecado, Él lo hará: *"…no hay nada encubierto que no llegue a revelarse, ni nada escondido que no llegue a conocerse"* (Mateo 10:26). Por lo tanto, no seas impaciente si Dios no responde tu oración (acompañada con el ayuno) la primera vez que oras o incluso el primer día que ayunas. Puede llevar diez o hasta veintiún días.

Finalmente, la sexta razón por la que debes hacer un ayuno prolongado es que toma tiempo buscar a Dios y encontrarlo. Cuando buscas algo se debe a que lo perdiste y lo necesitas. La búsqueda indica un deseo profundo de tu parte.

En ocasiones, Dios no se revela inmediatamente. El salmista

exclama: *"¿Por qué escondes tu rostro...?"* (Salmo 44:24). Tal vez Dios se esconde para ver si realmente queremos encontrarlo.

MI TIEMPO PARA ORAR

Señor, abre mis ojos espirituales de manera progresiva a lo largo de este ayuno para que al final del mismo pueda conocerte mejor de lo que te conocía al principio.

Señor, al esperar en tu presencia, revélame todo pecado escondido en mi corazón que pueda dificultar mis oraciones.

Señor, dame un corazón decidido para orar de continuo, para orar con sinceridad y para orar con fe.

Señor, prometo no abandonar el ayuno hasta el final. Amén.

MI RESPUESTA DE HOY:

_____

_____

_____

_____

_____

_____

_____

Para consultar las recetas sugeridas, ver las páginas 223-238

DÍA 6

Decir "no" en oración

Ayunar es la disciplina espiritual más poderosa de todas las disciplinas cristianas. A través del ayuno y la oración, el Espíritu Santo puede transformar tu vida.

Orar y ayunar también obra a una escala mayor. De acuerdo con Las Escrituras, con la experiencia personal y la observación, estoy convencido de que cuando el Pueblo de Dios ayuna con un adecuado motivo bíblico —buscar el rostro de Dios y no su mano— con un espíritu quebrantado, arrepentido y contrito, Dios escucha desde el cielo y sana nuestras vidas, nuestras iglesias, nuestras comunidades, nuestra nación y el mundo. Orar y ayunar puede dar lugar al avivamiento, un cambio en la dirección de nuestras naciones, las naciones de la Tierra y el cumplimiento de la Gran Comisión.

BILL BRIGHT

La palabra "afligir" está unida al ayuno en varias ocasiones. La primera vez que se le dice a un creyente que ayune es en Levítico 16:29. La versión Reina Valera dice: *"afligiréis vuestras almas"*. La Biblia de las Américas expresa: *"humillaréis vuestras almas"*, mientras que la Nueva Traducción Viviente declara: *"deben negarse a sí mismos"*. La idea de la aflicción está constantemente ligada al ayuno (ver Levítico 16:29,34; Números 29:7; Isaías 58:3,5).

"Afligir", en el diccionario, significa "Causar molestia o sufrimiento físico; causar tristeza o angustia moral".[1] Por lo tanto, cuando abandonas algo agradable, traes alguna incomodidad o padecimiento sobre tu vida.

¿Por qué hacemos esto? No es porque amemos el dolor. Lo hacemos por una razón espiritual. Lo hacemos para orar con más seriedad por el proyecto de fe.

Cuando afligimos nuestra vida, no tiene nada que ver con las cosas masoquistas que hacen los extremistas. No es azotarnos con látigos o lastimar nuestra carne para mantenerla sometida a Dios. Lo que hacemos es decir "no" a la carne pecadora. Esta es otra manera de expresar el arrepentimiento. Afligir tu vida expresa el deseo de deshacerte de lo pecaminoso. Es una manera de tratar con las actitudes pecadoras.

¿Por qué "afligir"? A veces nos gusta más cometer pecados que servir a Dios. Nos gusta más pensar en nuestra pecado que meditar en Dios. Por ese motivo debemos arrepentirnos de nuestras acciones. Después de todo, la apalabra "arrepentimiento" significa "apartarse de". Así que cuando ayunamos, oramos y afligimos nuestras vidas, decimos "no" a nuestros pecados anteriores y decimos "sí" a Dios y a su voluntad para nuestras vidas.

A veces estamos ciegos a nuestro pecado. Una actitud incorrecta entra sigilosamente en nuestra vida de pensamiento y no lo reconocemos de inmediato como pecado. Esa es la manera en que las termitas entran en una casa: de forma desapercibida.

Hace más o menos quince años, un vecino mío descubrió que algunas víboras se habían arrastrado por las paredes de su casa hacia el altillo. Mató a una o dos con trampas pero descubrió que había más. Así que tuvo que tratar el tema con seriedad. Se mudó durante casi una semana, colocó una enorme carpa por encima de la casa y mató con gas a las víboras (y a cualquier otro insecto). Se necesitó una acción seria para tratar un problema serio.

El pecado oculto entra en nuestra vida a escondidas. Destruye nuestro caminar con Dios y carcome nuestro carácter cristiano. Por eso, cuando "afligimos" nuestras vidas mediante el ayuno, le damos a Dios la oportunidad de exponer el pecado tal como es.

También afligimos nuestra vida al privarnos de cosas buenas.

Has hecho un pacto de abandonar ciertas cosas por el ayuno de Daniel. Quizá dejaste una o dos comidas por día. Tal vez solo comas vegetales o hayas abandonado otras prácticas. Las cosas que abandonaste probablemente sean cosas buenas. No las abandonaste porque sean pecaminosas, y es posible que estas cosas buenas no signifiquen nada incorrecto en tu vida.

Entonces, ¿por qué abandonamos cosas buenas? "Afligimos" nuestra vida para poder colocar a Dios en primer lugar en ella. Le decimos "no" a las cosas buenas para poder decirle "sí" a lo mejor.

Técnicamente, la palabra hebrea para ayunar es *tsum*, que significa cubrir la boca. Supongamos que recibes un llamado telefónico de urgencia y te dicen que tu esposo o esposa está en la sala de emergencias en el hospital.

Al salir de prisa para allí, te das cuenta de que estás dentro de tu horario de almuerzo. ¿Manejarías hasta la ventana de entregas para llevarte una hamburguesa y una bebida? ¡No! La emergencia sobrepasaría tu apetito y ni siquiera pensarías en comer. Ese es el verdadero significado de afligir tu vida por una carga espiritual. Ni siquiera piensas en comer. En este pasaje la palabra "afligir" se traduce como "llorar y estar de luto".

El ayuno también se identifica en Las Escrituras como una reunión solemne. Cuando las personas heridas se juntan en la llamada "reunión solemne", no es un tiempo para adorar ni alabar a Dios. Tampoco para cantar salmos acerca de la grandeza de Dios ni para ser instruidos en su Palabra. Una "reunión solemne" es un tiempo para buscar el centro del pecado oculto y confesar los pecados y arrepentirse de ellos. Esta clase de reuniones duran horas, en que las personas le ruegan a Dios que las perdone y les restaure su favor. El libro de Joel explica la seriedad de esta reunión: *"Ahora bien —afirma el Señor—, vuélvanse a mí de todo corazón, con ayuno, llantos y lamentos. Rásguense el corazón y no las vestiduras"* (Joel 2:12-13).

Antes de que podamos establecer una base creíble para que Dios responda nuestras oraciones, debemos establecer un carácter interno. Lo hacemos al examinar nuestros corazones al ayunar ante Dios.

También debemos tratar con nuestro orgullo. Cuando ayunamos para la gloria de Dios, podemos decir "no" a nuestro deseo egoísta de ser el número uno. Jesús dijo: *"Más bien, busquen primeramente el reino de Dios y su justicia, y todas estas cosas les serán añadidas"* (Mateo 6:33). Las cosas buenas que Él nos da tal vez sean las cosas que nosotros abandonamos por un tiempo.

> *Cuando tomas control de tu cuerpo interno mediante el ayuno, comienzas a tomar control de tu persona interna.*

Hay dos cosas que deberían pasar cuando dices "no". El arrepentimiento negativo es aquello de lo que te abstienes. Te vuelves del pecado. Cristo te da el poder para decir "no", sea a una cosa pecaminosa o a algo tan bueno como una de tus comidas del día. Pero hay una acción positiva. Recuerda: *"Todo lo puedo en Cristo que me fortalece"* (Filipenses 4:13).

Cristo está en tu corazón debido a la salvación. Por ese motivo cedes a su fortaleza interna y le permites darte fuerzas para completar el ayuno de Daniel. *"Gracias a Dios que en Cristo siempre nos lleva triunfantes"* (2 Corintios 2:14). El decir "no" a algunas cosas buenas te recuerda quién es el jefe en tu vida. A veces transitamos la vida pensando: "Tengo que comer tres comidas abundantes por día", o "Merezco entretenerme" o "Todos los demás lo hacen, ¿por qué yo no puedo?". Si bien estas son cosas buenas y no hay nada de malo en ellas, el asunto es: ¿quién dirige tu vida? Otra manera de preguntarlo es: ¿quién está sentado en el trono de tu corazón? Asegúrate de que:

Cuando abandones alguna cosa buena en tu vida
la reemplaces con Dios, que es lo mejor para tu vida.

MI TIEMPO PARA ORAR

Señor, voy a abandonar cosas buenas para buscar lo mejor de ti en mi vida.

Señor, al ayunar, muéstrame toda actitud o acción pecaminosa que esté oculta en mi vida. Voy a decirle "no" y a arrepentirme de ella.

Señor, las cosas buenas que abandono no pueden compararse con el maravilloso privilegio de disfrutar tu presencia. Amén.

MI RESPUESTA DE HOY

_____

_____

_____

_____

_____

Nota

1. Ver http://buscon.rae.es/draeI/SrvltConsulta?TIPO_BUS=3&LEMA=afligir

Para consultar las recetas sugeridas, ver las páginas 223-238

DÍA 7

La persistencia del ayuno de Daniel

Hay personas que piensan que ayunar es parte de la antigua dispensación, pero cuando leemos Hechos 14:23 y Hechos 13:2-3, descubrimos que los hombres serios de los días apostólicos lo practicaban. Si vamos a orar con poder, deberíamos orar con ayuno. Esto por supuesto no significa que debemos ayunar cada vez que oramos; pero hay tiempos de emergencia o crisis especiales en el trabajo o en nuestra vida personal en que los hombres de absoluta seriedad van a apartar sus vidas aun de la gratificación de los apetitos naturales que serían perfectamente apropiados bajo otras circunstancias, que van a entregarse por completo a la oración. Hay un poder peculiar en esa oración. Cada crisis grande en la vida y en el trabajo debería encontrar ese camino. No agradamos a Dios si abandonamos de una manera puramente farisaica y legal las cosas que son gratas, pero hay poder en esa absoluta seriedad y determinación para obtener en oración las cosas de las cuales sentimos una profunda necesidad, que nos lleva a dejar todo, aun las cosas más correctas y necesarias, y que nos permite situar nuestro rostro para buscar a Dios y obtener sus bendiciones.

R. A. TORREY

Existen muchas distracciones en la vida moderna para alejarnos de la oración. A veces son solo cosas buenas que hacen que dejemos de orar. Puede ser un aparato de televisión que siempre nos relata las noticias de un desastre, o nos vende un producto o demanda nuestra atención. A todo lugar que vamos los teléfonos celulares nos interrumpen o escuchamos un altoparlante que interrumpe nuestros pensamientos. ¿Cuándo logramos tomarnos un tiempito para meditar en Dios? ¿Cómo podemos acaso escuchar a Dios sí hay tantas voces compitiendo por nuestra atención? ¿Cómo podemos continuar orando cuando pareciera que todo se debate por nuestra mente?

Cuando ayunas, te "apartas" del ajetreo de la vida para hablar con Dios. Buscas la tranquilidad durante el tiempo de las tres comidas diarias para escuchar La Palabra de Dios y su voz interior. Tu proyecto de ayuno es un tiempo perfecto para buscar a Dios por el proyecto de oración que buscas.

Jesús nos cuenta una historia sobre un hombre que dormía cuando su vecino golpeó desesperadamente a su puerta para pedirle prestado un poco de pan en medio de la noche. Él le contestó: "Déjame en paz, estoy durmiendo y también duerme mi familia" (ver Lucas 11:7).

El vecino siguió golpeando hasta que consiguió el pan que buscaba. Jesús concluyó: *"...aunque no se levante a darle pan por ser amigo suyo, sí se levantará por su impertinencia y le dará cuanto necesite. Así que yo les digo: Pidan, y se les dará; busquen, y encontrarán; llamen, y se les abrirá la puerta"* (Lucas 11:8-9).

Hace muchos años, aprendí este versículo al recordar la primera letra de Pidan, Busquen y Llamen [N. de la T. el autor hace un juego de palabras en inglés: *ask*, pedir, y lo forma con las primeras letras de *ask*, pedir; *seek*, buscar y *knock*, golpear].

Observa que Jesús nos ordenó que pidamos, que busquemos y que llamemos. Estas tres cosas requieren una persistencia expresada de diferentes maneras. "Pedir" es utilizar palabras para obtener lo que quieres. "Buscar" es utilizar tus pies para ir donde se encuentra el premio. "Llamar" conlleva la idea de utilizar todo tu cuerpo para ubicar lo que te estaba oculto.

Piensa por qué los padres esconden cosas de sus hijos. Escondemos los huevos de Pascua para que sientan la emoción de descubrirlos. Quizá sea por eso que Dios quiere que ayunes y ores por diez o por veintiún días.

Los padres esconden los regalos de Navidad hasta el momento correcto porque saben que los niños van a apreciar el regalo que se les da oportunamente. Por eso tal vez tengas que orar durante los veintiún días para recibir y apreciar tu proyecto de fe.

Quizá Dios quiere que ores por un proyecto durante diez o veintiún días. ¿Por qué? El Señor honra la oración persistente. A pesar del cansancio, de los obstáculos, del desánimo o de la duda, sigue orando. Cuando entres a la presencia de Dios con una voluntad de fierro, determina orar hasta el final. Dios honrará tu determinación y tu fe.

Wesley L. Duwel, en su libro *La oración poderosa que prevalece*, nos da una mirada acerca del corazón de la oración persistente:

> Prevalecer es ser exitosos ante la dificultad, dominar por completo, vencer y atar. La oración que prevalece es una oración que se abre camino a través de las dificultades y los obstáculos, hace retroceder a todas las fuerzas enemigas de Satanás y asegura la voluntad de Dios. Su propósito es lograr la voluntad de Dios en la Tierra. La oración que prevalece no solo toma la iniciativa, sino que continúa en la ofensiva de Dios hasta ganar la victoria espiritual.[1]

¿Por qué debemos prevalecer? Porque Dios sabe que la carne es débil y es humano abandonar. La noche antes de que Jesús muriera, llevó a sus discípulos al jardín de Getsemaní para orar y les dijo: *"...manténganse despiertos conmigo"* (Mateo 26:38). ¿Qué dijo cuando los encontró dormidos?

> *Luego volvió adonde estaban sus discípulos y los encontró dormidos.*
> *—¿No pudieron mantenerse despiertos conmigo ni una hora? —le dijo a Pedro—. Estén alerta y oren para que no caigan en tentación. El espíritu está dispuesto, pero el cuerpo es débil.*
>
> —MATEO 26:40-41

Jesús sabe que tu cuerpo físico no está entrenado para mantener un ayuno de diez o de veintiún días. Él te va a ayudar a hacerlo si oras y le pides que te fortalezca: *"Todo lo puedo en Cristo que me fortalece"* (Filipenses 4:13). Así que comienza a ayunar con el compromiso de completarlo.

Quizá Dios no responda de inmediato tu oración porque si te da una respuesta rápida, tal vez en el futuro no continúes orando por un proyecto. Las respuestas rápidas pueden llevar a una oración superficial. En cambio, Dios espera para probar nuestra determinación. El éxito de la oración persistente nos enseña a ser persistentes la próxima vez que oremos.

Debemos orar por largo tiempo y debemos hacerlo con todo nuestro corazón porque estamos en una guerra espiritual. La vida cristiana no es una pausa para tomar café; es una lucha o un campo de batalla. Es una lucha hasta la tumba. Existe un enemigo, Satanás, que se opone a la obra de Dios, y cuando oras y ayunas por un proyecto de oración, Satanás te enfrenta. Por eso continúa orando. El asunto es: ¿quién va a ganar: Dios o Satanás?. Por ese motivo debes orar a través de los obstáculos y a través del desánimo. Jesús nos anima a: *"...orar siempre, sin desanimarse"* (Lucas 18:1).

Pablo nos recuerda que: *"Porque nuestra lucha no es contra seres humanos, sino contra poderes, contra autoridades, contra potestades que dominan este mundo de tinieblas, contra fuerzas espirituales malignas en las regiones celestiales"* (Efesios 6:12). Por lo tanto, los asuntos serios y que cambian la vida demandan nuestra completa dedicación hasta que se complete la fecha límite de nuestro ayuno. Recuerda que estos son los pactos que hiciste:

Pacto de abstinencia
Pacto de tiempo
Pacto mental
Pacto de oración
Pacto de fe

Ciertas veces oras por largo tiempo para deshacer las obras del enemigo. A veces oras por un período largo para darle tiempo a Dios a que acomode las piezas y que pueda venir la respuesta. Si oras por un período largo para que llueva (ver Santiago 5:17-18), lleva tiempo para que un frente climático se junte y se reúna por tu zona. Si oras por dinero, lleva tiempo mover el corazón de un dador para que luego escriba el cheque; y todo el mundo se ríe del lento sistema postal.

Entonces, otra vez, recuerda que el *principio de aprendizaje* está ligado al *principio del tiempo*. Lleva tiempo aprender ciertas lecciones, y cuanto más difícil sea la lección, más largo es el tiempo para estar listo para el examen. ¿Alguna vez has estudiado casi toda la noche para estar listo para un examen final? Por lo tanto, al orar a lo largo de un ayuno de diez o de veintiún días, Dios quizá trate de enseñarte una lección importante. Quizá necesites los veintiún días para aprender lo que Dios te quiere enseñar. Y la lección que Dios quiere enseñarte tal vez sea algo completamente diferente a tu proyecto de fe.

La oración que prevalece es una actitud que Dios enseña, así que cuando aprendas esta lección, determina no abandonarla. Haz un pacto ahora de que guardarás el ayuno de Daniel hasta el final. Ora hasta que completes el pacto que has hecho. Ora hasta que termines el ayuno de Daniel. Ora hasta que obtengas una respuesta.

Mi tiempo para orar

Señor, confieso mi debilidad, ayúdame a ser fuerte en este ayuno.

Señor, he completado siete días; ayúdame a guardar mi pacto de no comer hasta el final y ayúdame a orar persistentemente hasta que llegue la respuesta.

Señor, entrego los próximos días de mi ayuno a ti. Que seas glorificado por mi compromiso, y ayúdame a mantener mi promesa. Amén.

MI RESPUESTA DE HOY:

_____

_____

_____

_____

_____

_____

_____

_____

_____

_____

Nota

1. Wesley L. Duewel, *La oración poderosa que prevalece*. (Miami, Fl., Editorial Unilit, 1995).

Para consultar las recetas sugeridas, ver las páginas 223-238

Perspectiva general del día 8 al día 14

Aprender sobre la oración

Estos siete devocionales fueron escritos para enseñarte algunas lecciones básicas acerca de la oración. En un sentido, no necesitas aprender a orar, porque es algo tan básico como hablar. Pero recuerda que le hablas a alguien; la oración es una relación con Dios.

Así que no siempre se trata de la manera en que le hablas a Dios o lo que le dices; la clave es la relación. Pasa tiempo con Él, conócelo y aprende a adorarlo.

Este ayuno de Daniel puede llevarte más cerca de Dios de lo que jamás hayas estado en la vida. ¿Acaso no te gustaría que fuera así? Utiliza las oportunidades de oración para conocer a Dios íntimamente. La gran pasión de Pablo era: *"...a fin de conocer a Cristo, experimentar el poder que se manifestó en su resurrección"* (Filipenses 3:10).

Así que no olvides guardar tu pacto de ayuno, pero lo que es más importante, no olvides guardar tu compromiso de oración. Jesús dijo: *"...que debían orar siempre, sin desanimarse"* (Lucas 18:1).

Lecturas diarias

Día 8: Intimidad con Dios

Día 9: Dar gracias en oración

Día 10: Ayunar para tener hambre de Dios

Día 11: Orar es pedir

Día 12: Ayunar para adorar a Dios

Día 13: Ayunar para localizar el pecado

Día 14: No violar tu ayuno

DÍA 8

Intimidad con Dios

Tendemos a pensar que el ayuno es estar un tiempo sin comer. Pero podemos ayunar de cualquier cosa. Si nos encanta la música y decidimos perdernos un concierto para pasar tiempo con Dios, eso es ayunar. Es muy útil pensar en el paralelo con la amistad humana. Cuando los amigos necesitan estar juntos, cancelan otras actividades para hacer posible ese encuentro. No hay nada ilógico acerca del ayuno. Es tan solo una manera de decirle a Dios que tu prioridad en ese momento es estar a solas con Él, y por ello ordenas todo lo que sea necesario, y que cancelaste un almuerzo, una fiesta, un concierto o cualquier cosa que habías planeado hacer para poder lograr esa prioridad.

J. I. PACKER

Existen muchas maneras de definir la oración. Orar es pedir y orar es alabar o adorar a Dios. Asimismo, orar es descansar en Dios o hacer guerra espiritual en contra de nuestro enemigo. Pero ahora vamos a enfocarnos en la intimidad de la oración. ¿Cuánta intimidad tienes con Dios?

Miremos el modelo de la vida de Jesús. Él nos enseñó a orar comenzando con las palabras *"Padre nuestro que estás en el cielo"* (Mateo 6:9). Jesús nos invita a entrar a una relación de intimidad con el Padre celestial, una intimidad que Él compartió con el Padre.

Las primeras palabras registradas dichas por Jesús fueron cuando Él tenía 12 años. María y José habían llevado a su familia a Jerusalén para las fiestas. Probablemente habían viajado con un grupo grande y supusieron que Jesús estaba con ellos cuando comenzaron a viajar de regreso a casa. Pero no era así. María y José buscaron por un par de días hasta que encontraron a Jesús en el templo. Cuando le preguntaron el porqué, Jesús respondió: *"¿No sabían que tengo que estar en la casa de mi Padre?"* (Lucas 2:49).

Muchas personas leen esta historia y enfatizan que Jesús estaba en la casa de Dios. Por muy bueno que sea ese punto de vista, el énfasis es que Jesús buscó la intimidad con Dios en su casa. Jesús llamó a Dios su Padre, un término de intimidad.

Observemos el bautismo de Jesús. El Padre apareció porque era el comienzo del ministerio de su Hijo. ¿Acaso los padres no aparecen los días importantes de la vida de sus hijos? El Padre celestial dijo: *"Tú eres mi Hijo amado; estoy muy complacido contigo"* (Lucas 3:22).

Nuevamente cuando Jesús fue transformado frente a los tres discípulos en el monte de la transfiguración, el Padre habló desde el cielo: *"Éste es mi Hijo amado; estoy muy complacido con él"* (Mateo 17:5).

Hay una diferencia entre la relación de un padre con su hijo y la reverencia entre un adorador y Dios.

La relación une a los hijos con su padre;
la reverencia une a los adoradores con Dios.

En el Antiguo Testamento, Dios se reveló a sí mismo mediante tres nombres. Primero, se reveló como *Elohim*, Dios el poderoso creador que creó el mundo. Segundo, se reveló como *Yahveh* (Jehová), el Dios personal que le dijo a Moisés: *"Yo soy el que soy"* (Éxodo 3:14). Tercero, Él es *Adonai*, nuestro Señor y dueño, y nosotros somos sus esclavos.

Ni siquiera una sola vez en el Antiguo Testamento le es dado a

Dios el nombre "Padre" (Jesús dice que su nombre es Padre siete veces en el evangelio de Juan). En el Antiguo Testamento, Él es comparado con varias cosas, por ejemplo: con una roca (ver Salmo 61:2; 2 Samuel 22:3), un águila (ver Deuteronomio 32:18), una madre (Isaías 66:13) y un padre (ver Salmo 34:15-22 y Salmo 103:13). Y aquí hay otro ejemplo: *"A pesar de todo, SEÑOR, tú eres nuestro Padre; nosotros somos el barro, y tú el alfarero"* (Isaías 64:8). Todas estas son metáforas para ayudar a las personas a entender a Dios.

Jesús les enseñó a sus discípulos que tenían una nueva relación con Dios. Les enseñó a orar: *"Padre nuestro que estás en el cielo"* (Mateo 6:9). Gracias a Jesús tenemos una nueva relación con Dios, nuestro Padre celestial.

La relación entre el Padre y Jesús se reveló en una intimidad más profunda cuando Jesús oró en Getsemaní: *"Abba, Padre, todo es posible para ti. No me hagas beber este trago amargo, pero no sea lo que yo quiero, sino lo que quieres tú"* (Marcos 14:36). Cuando Jesús llamó al Padre "Abba", es como cuando hoy una persona llama a su papá "papi".

La fortaleza que Jesús obtuvo de esa relación íntima con su Padre celestial le dio la capacidad de enfrentar los sufrimientos físicos y las luchas espirituales en la cruz cuando se hizo pecado por nosotros (ver 2 Corintios 5:21, RVR60).

¿Qué es lo satisfactorio acerca de esta relación entre Jesús y su Padre celestial? Nos recuerda la relación íntima entre un padre terrenal y su hijo. El niño corre a los brazos de su padre cuando él regresa de un viaje y le pregunta: "¿Qué me trajiste?". ¿Es acaso una imagen tuya cuando oras por tu proyecto en el ayuno de Daniel? ¿Por qué cosa pides?

Observa a un niño cansado sentado en la falda de su padre en un picnic. El niño se duerme o descansa tranquilamente en el regazo de su padre para recobrar fuerzas e ir a jugar de nuevo. No necesitan decirse nada el uno al otro; tan solo disfrutan el momento. La presencia de papá es suficiente.

¿Podemos acaso orar sin palabras? ¡Sí! Recuerda que la palabra más utilizada para "oración" en el Nuevo Testamento es *proseucomai* (*pros* significa "al lado de", "cerca de" y *eucomai* es "el rostro"). La oración es como una relación cara a cara con Dios que puede ilustrarse como dos personas que se aman, sentadas cara a cara mirándose a los ojos; no necesitan decir nada; su intimidad dice: "te amo".

La intimidad es disfrutar la presencia de Dios. *"Y entró el rey David y se puso delante de Jehová"* (2 Samuel 7:18, RVR60). Cuando llega el tiempo de tu oración, recuerda que tú también puedes sentarte en la presencia del Padre celestial. Disfrútalo.

Debido a que eres un hijo de Dios, comienza tus oraciones de la manera en que Pablo nos enseñó a acercarnos al Padre: *"Ustedes ya son hijos. Dios ha enviado a nuestros corazones el Espíritu de su Hijo, que clama: "¡Abba! ¡Padre!"* (Gálatas 4:6). ¿Qué nombre íntimo utilizas para tu Padre celestial?

En otra parte de Las Escrituras, Pablo nos enseña: *"... somos hijos de Dios. Y si somos hijos, somos herederos; herederos de Dios y coherederos con Cristo..."* (Romanos 8:16-17). ¿Quién es un heredero? Aquel que tiene el derecho a los activos y a la propiedad del Padre. Así que ora confiadamente por el proyecto de tu ayuno de Daniel. Pide como un niño que busca los activos de su Padre celestial.

La intimidad con Dios puede parecer misteriosa. ¿Puedes tener confianza al intentar conocer a Dios como lo harías con tu padre terrenal? Existen varias maneras de definir la intimidad y las acciones que llevan a experimentarla con tu Padre celestial.

En primer lugar, la intimidad es estar allí. No logras la intimidad con Dios mediante métodos, técnicas ni fórmulas correctas de oración. Logras la intimidad al acercarte a tu Padre celestial.

*¡Cuán hermosas son tus moradas, S*ENOR* Todopoderoso! Anhelo con el alma los atrios del S*ENOR*; casi agonizo por estar en ellos. Con el corazón, con todo el cuerpo, canto alegre al Dios de la vida (...) Vale más pasar un día en tus atrios que mil fuera de ellos; prefiero cuidar la entrada de la casa de mi Dios que habitar entre los impíos.*

—S ALMO 84:1-2, 10

En segundo lugar, la intimidad es buscar la presencia del Padre. El Padre está sentado en el trono de los cielos. ¿Por qué no gateas hasta su regazo? De la misma manera que un niño en la Tierra va a sentarse con su padre terrenal, puedes hacer lo mismo con tu Padre celestial.

¿Y por qué un niño desea sentarse en el regazo de su padre? Tal vez quiere pedirle algo o quiere que su padre le lea un cuento. Quizá necesita ayuda con su tarea. Tal vez el niño solo quiere sentarse en la falda de su padre porque lo disfruta. ¿Acaso la intimidad no es maravillosa? *"Una sola cosa le pido al S*ENOR*, y es lo único que persigo: habitar en la casa del S*ENOR* todos los días de mi vida, para contemplar la hermosura del S*ENOR* y recrearme en su templo"* (Salmo 27:4).

En tercer lugar, para experimentar la intimidad con Dios no necesitas aprender nada. Los niños no necesitan hacer un curso para aprender cómo ser niños. Tan solo lo son. Viene con el nacimiento. Cuando nacen en una familia, experimentan el amor de un padre. Eso hace que sepan que son familia. El amor les enseña cómo actuar y cómo responder a su padre. El amor les abre las puertas para que pidan.

¿Acaso no es ese el rol de un padre: proveer para las necesidades —comida, vivienda, ropa— de sus hijos? Sí. ¿Acaso no es el rol de los niños pedir por las necesidades a su padre humano? Sí. Así que hoy pide por tu proyecto del ayuno de Daniel.

Un niño sentado en el regazo de su padre no necesita que le digan qué hacer para comportarse como un niño. Tan solo se sienta allí y hace lo que es natural. ¿Qué es natural para ti en la presencia de tu Padre celestial?

En cuarto lugar, la intimidad es un privilegio para disfrutar. Me encanta la imagen del presidente John F. Kennedy sentado para una importante reunión de gabinete cuando su hijo, John-John, entra corriendo en la habitación y lo interrumpe. ¿Qué sucedió? El presidente Kennedy dejó todo lo que hacía para sentar a su hijo en su falda. En ese momento, el pedido de su hijo era más importante que cualquier negocio de los Estados Unidos.

Cuando irrumpes en la habitación del trono de los cielos, Dios va a dejar todo para escuchar tu pedido. En ese momento, tu pedido será más importante que los asuntos del Universo de los que Él debe encargarse.

En quinto lugar, la intimidad se aprende del cielo, no de la Tierra. Si bien he hablado acerca de la intimidad entre un padre terrenal y sus hijos, ese no es nuestro modelo. Recuerda que algunos niños han tenido un pobre modelo de rol humano en sus padres. Algunos padres fueron alcohólicos, apostadores, perezosos y abusadores. Así que algunas personas en la Tierra no tienen un buen recuerdo de una relación positiva con su padre terrenal.

En la creación, Dios instauró el concepto de la paternidad en el hombre, por lo que si sigue la directiva interna, pueden convertirse en buen padre. Pero cuando los padres terrenales se entregan al pecado, destruyen la relación positiva que hubieran podido tener con sus hijos y que sus hijos hubieran tenido con ellos.

Si tu experiencia terrenal hace que tus oraciones de intimidad con Dios sean difíciles, pídele que sane tus recuerdos. Luego pídele que sane tus inclinaciones y, finalmente, que sane tu falta de deseo por una intimidad con Él.

Debes perdonar a los miembros de tu familia que destruyeron tu idea de intimidad. Ora: *"Perdónanos el mal que hemos hecho, así como nosotros hemos perdonado a los que nos han hecho mal"* (Mateo 6:12, Dhh).

En sexto lugar, permite que la intimidad se desarrolle. Algunas personas simplemente no se sienten conectadas con Dios. ¿Cómo pueden pasar de la fase de "pedir" de la oración a la oración de intimidad? La simple respuesta es dar tiempo a esto. Ve a la presencia de Dios y espera.

El salmista nos dice: *"Pon tu esperanza en el Señor"* (Salmo 27:14). Pero asegúrate de esperar en la presencia de Dios. *"Solo en Dios halla descanso mi alma; de él viene mi esperanza"* (Salmo 62:5).

¿Qué sucede cuando esperas en Dios? *"Pero los que confían en el Señor renovarán sus fuerzas; volarán como las águilas: correrán y no se fatigarán, caminarán y no se cansarán"* (Isaías 40:31). Esperar en Dios da resultado.

En séptimo lugar, espera que el arte de la intimidad crezca. ¿Qué sabemos acerca de los bebés? Que son egoístas. Esperan todo de sus padres y si no obtienen lo que quieren cuando ellos quieren y de la manera en que lo quieren, llorarán, gritarán y demandarán atención hasta que sean satisfechos. Es natural que los bebés lloren. ¿Eres un bebé en tu relación con Dios?

Ellos lloran por la comida hasta que llega la mamadera. Lloran cuando el pañal está mojado hasta que los cambien. Algunos lloran hasta cuando se sienten ignorados. ¿Acaso eres un bebé espiritual? Si es así, llora a Dios por cualquier cosa que necesites.

Los bebés que lloran no se preocupan si es medianoche y si sus padres están profundamente dormidos. No se preocupan si el pastor está predicando La Palabra de Dios e interrumpen la reunión de la iglesia. No, los bebés son completamente egoístas. Ten cuidado de que eso no describa tu vida de oración.

Pero los bebés no son irreversiblemente egoístas. Al crecer, aprenden mejores maneras de expresar sus necesidades. Aprenden a respetar a otros y sus necesidades. Dios ha puesto a las familias para enseñar a los bebés cómo compartir, recibir, dar y amar. La contraseña para crecer es amor. *"Nosotros amamos a Dios porque él nos amó primero"* (1 Juan 4:19).

Los bebés se vuelven adultos maduros en una atmósfera de amor. Con el tiempo aprenden a regalarle a papá una corbata para el Día del Padre, y al crecer aun más, lo respetan y crecen en una intimidad relacional con él.

En octavo lugar, la verdadera intimidad equilibra la tensión entre la reverencia y la relación. Dios es el Creador del Universo, lo reverenciamos.

Debido a que Él es el Omnipotente, *Yo soy el que soy*, nos inclinamos en su presencia para decir: "Santo, santo, santo". Ese es el lado imponente de la puerta.

Pero cuando la cruzamos, nos encontramos en la presencia de nuestro Padre celestial —Abba Padre—, papi. Podemos acercarnos más a Él y metafóricamente arrojar nuestros brazos alrededor de su cuello, y decirle: "Te amo".

Mi tiempo para orar

Señor, voy a esperar en tu presencia, sin pedir nada.
Espero en tu presencia para conocerte mejor.

Señor, quiero conocerte más íntimamente, más íntimamente
de lo que conozco a cualquier persona en la Tierra.

Señor, te reverencio como mi Señor soberano y el Dios del
universo. Te alabo, te adoro y me inclino ante ti.

Señor, enséñame cuándo reverenciarte y cuándo buscar tu intimidad. Amén.

Mi respuesta de hoy:

_____

_____

_____

_____

_____

_____

_____

Para consultar las recetas sugeridas, ver las páginas 223-238

DÍA 9

Dar gracias en oración

Una persona espiritualmente despierta vería todo como un regalo, aun el sufrimiento. No merecemos nada, y sin embargo a menudo actuamos como si mereciéramos todo. No debiéramos dar nada por sentado. Todos los días debiéramos dar gracias a Dios y a las demás personas por todo lo que nos es dado.

Esta es una razón por la cual ayunar es una disciplina espiritual tan importante. No tan solo ayunar de comida, sino ayunar de autos, de centros comerciales, de lo nuevo, de cualquier cosa con la cual tengamos un apego. Ayunar puede ayudar a reavivar nuestra gratitud por todo lo que se nos ha dado.

GLEN ARGAN

Me reúno con un grupo de oración de cerca de doce personas cada domingo a la mañana. Esta es la reunión más importante de la semana, porque recibo más poder espiritual y energía emocional de parte de estas personas que de cualquier otra reunión.

Recientemente, una persona me preguntó: "¿Por qué siempre comienzas a orar agradeciendo a Dios por las respuestas a tus oraciones?".

Nunca había pensado en ello; no me había dado cuenta de que comienzo mis oraciones de esa manera. Así que me pregunté: "¿Por cuánto tiempo lo he hecho?".

"Desde siempre", me dije.

Luego comencé a analizar por qué lo hacía de esa forma. Tal

vez se debía a que mi madre me había enseñado a decir "gracias" cuando alguien me daba algo o hacía algo por mí. Pero creo que es más que un hábito.

Entonces me di cuenta de que siempre repito la misma declaración: "La gratitud es lo última que se recuerda de todas las virtudes y es la prueba de fuego de tu carácter". Aquellas personas que dan gracias desarrollan virtudes cristianas. Quizá doy gracias porque es parte de mi naturaleza. Tal vez doy gracias porque sé que Dios merece mi agradecimiento. Y sí, quizá doy gracias por respuestas pasadas porque esa es la base de las respuestas futuras.

La frase "acción de gracias" proviene de *eujaristia*. La raíz de esta palabra es *jaris*, que significa "gracia". Cuando le das las gracias a alguien, comunicas "gracia", y en el proceso recibes gracia.

El mensaje del Nuevo Testamento es gracia: Dios hace por ti lo exactamente opuesto a lo que mereces. Tú mereces el infierno, pero recibes el cielo. Mereces el distanciamiento, pero recibes la intimidad con Dios. Mereces el castigo por tus pecados (todos lo merecemos), pero recibes el perdón y el amor de Dios.

Saber que Dios te ama es el mayor regalo de gracia. Ese conocimiento demanda gratitud. Cuando experimentas la gracia, no puedes hacer otra cosa que dar gracias al dador de la gracia.

¿Por qué dar gracias?

Primero, un corazón agradecido a Dios te coloca en el campo de oración. Así que acércate a Dios con un corazón agradecido por todo lo que te ha dado. Luego Él reconocerá tu sinceridad y escuchará. Dios se dará cuenta de que no alardeas ni eres egocéntrico. Un corazón agradecido hace que te enfoques en Dios y luego te coloca en el campo de oración al lado de su corazón.

Pablo nos da el ejemplo de acercarnos a Dios con un corazón

agradecido: *"Sin embargo, gracias a Dios que en Cristo siempre nos lleva triunfantes y, por medio de nosotros, esparce por todas partes la fragancia de su conocimiento"* (2 Corintios 2:14).

Luego Pablo nos instruye a sumar la acción de gracias a nuestras oraciones: *"No se inquieten por nada; más bien, en toda ocasión, con oración y ruego, presenten sus peticiones a Dios y denle gracias"* (Filipenses 4:6). ¿Observaste que no solo dice *"presenten sus peticiones"* sino también *"denle gracias"*?

Segundo, un corazón agradecido es un corazón obediente. Se nos ordena dar gracias a Dios en los Salmos: "Den gracias al Señor" (ver Salmo 105:1; 106:1, 47; 107:1; 118:1,29; 136:1,3,26).

Pablo también nos ordena unir la acción de gracias a nuestras oraciones: *"Dedíquense a la oración: perseveren en ella con agradecimiento"* (Colosenses 4:2). Probablemente nos dijo que diéramos gracias porque ese era su hábito en la oración (ver Romanos 1:8; 1 Corintios 1:4; Filipenses 1:3; 1 Tesalonicenses 2:13; 2 Tesalonicenses 1:3; 1 Timoteo 1:12; 2 Timoteo 1:3; Filemón v. 4).

Debido a que se te ordena dar gracias Dios, ¿por qué entonces no hacerlo? Y si das gracias obedientemente, ¿no crees acaso que Dios notará lo que haces y escuchará tu pedido?

Tercero, un corazón agradecido estimula tu fe para confiar nuevamente en Dios para otra respuesta a la oración y aun por respuestas mayores. Cuando Daniel fue perseguido por su fe y se decretó una ley que prohibía su vida de oración, él no dejó de orar, sino que comenzó su oración con acción de gracias:

Cuando Daniel se enteró de la publicación del decreto, se fue a su casa y subió a su dormitorio, cuyas ventanas se abrían en dirección a Jerusalén. Allí se arrodilló y se puso a orar y alabar a Dios, pues tenía por costumbre orar tres veces al día

—Daniel 6:10

Debido a que Daniel sabía que Dios había respondido sus

oraciones en el pasado, comenzó a hacer tal vez la oración más importante de su vida con acción de gracias.

Cuarto, una oración o una actitud de agradecimiento será un testimonio para otros. Cuando Pablo instruyó a los colosenses sobre cómo vivir para Cristo, les dijo: *"Que gobierne en sus corazones la paz de Cristo, a la cual fueron llamados en un solo cuerpo. Y sean agradecidos"* (Colosenses 3:15).

Parece que la paz interior del corazón y la acción de gracias externa están unidas. Si somos agradecidos con nuestro esposo o esposa y con nuestros hijos, no criticaremos y desearemos lo mejor. Si somos agradecidos por todas las "cosas" en nuestras vidas, no quebraremos el décimo mandamiento: *"No codicies…"* (Éxodo 20:17).

Quinto, la acción de gracias es un sinónimo de alabanza y bendición. Es una de las maneras de adorar a Dios. Cuando le agradeces por todo lo que eres, todo lo que tienes y todo lo que Dios ha hecho por ti, lo colocas a Él en primer lugar. Tu vida se centra en Dios y no en ti mismo.

Se nos ordena: *"Entren por sus puertas con acción de gracias; vengan a sus atrios con himnos de alabanza; denle gracias, alaben su nombre"* (Salmo 100:4). Así que, ¿cuál debe ser nuestra actitud cuando agradecemos a Dios con adoración?

¡Le damos gracias!

¿Cómo podemos darle alabanza a Dios?

¡Le damos gracias!

¿Cuál es la mejor manera de bendecir a Dios?

¡Le damos gracias!

Sexto, el ejemplo de Jesús. La única persona que no necesitaba darle gracias al Padre celestial fue su Hijo, Jesucristo. El Padre y el Hijo son iguales en naturaleza, por eso el Hijo no necesitaba darle gracias, pero igual lo hizo.

Observa lo que Jesús hizo antes de alimentar a los cinco mil con cinco peces y dos panes. Dio gracias: *"Jesús tomó entonces los panes, dio gracias y distribuyó a los que estaban sentados todo lo que quisieron. Lo mismo hizo con los pescados"* (Juan 6:11).

Dado que Jesús vino a la Tierra como un judío y vivió una vida perfecta, Él habría dado gracias como lo hacían aquellos judíos que querían ser perfectos a los ojos de Dios.

Debemos dar gracias debido al ejemplo de agradecimiento de Jesús. Recuerda que Pedro dijo que *"sigan sus pasos [de Jesús]"* (1 Pedro 2:21).

Debido a que Jesús daba gracias continuamente, ¿cómo vamos a actuar de otra manera?

Séptimo, la acción de gracias aviva nuestro recuerdo de la muerte de Cristo. Algunos grupos de cristianos denominan a la comunión "eucaristía". Esa palabra proviene de *eujaristia,* que significa "dar gracias". El enfoque en la mesa del Señor es que los participantes den gracias por todo lo que Cristo hizo en la cruz.

Al mirar su muerte, Jesús inició la acción de gracias: *"También tomó pan y, después de dar gracias, lo partió, se lo dio a ellos y dijo: 'Este pan es mi cuerpo, entregado por ustedes; hagan esto en memoria de mí'"* (Lucas 22:19). Por ese motivo lo comemos con acción de gracias.

Luego Jesús levantó la copa y repitió lo mismo: *"Después tomó la copa, dio gracias, y se la ofreció diciéndoles: 'Beban de ella todos ustedes'"* (Mateo 26:27).

Fui pastor de la iglesia Faith Bible Church en Dallas, Texas, desde 1956 hasta 1958. Ellos celebraban la Cena del Señor de acuerdo al modelo de los moravos o de las Asambleas de Hermanos Libres. Toda la reunión rondaba alrededor de esa celebración.

Le preguntaba a un hermano: "¿Le agradecerías a Dios por el cuerpo de Jesús partido por tus pecados?". Continuaba pidiéndoles a varios hermanos que hicieran la misma oración. Luego se pasaba el pan y comíamos todos juntos.

Después hacíamos lo mismo con la copa. Se les preguntaba

a varias personas: "¿Agradecerías a Dios por la sangre de Jesús derramada por tus pecados?".

Estamos lo más cerca posible de Dios cuando nos dirigimos a Él con acción de gracias por su cuerpo partido y su sangre derramada.

MI TIEMPO PARA ORAR

Señor, gracias porque "El Señor ha hecho grandes cosas" (Salmo 126:2).

Señor, gracias por las oraciones respondidas en el pasado.

Señor, gracias por protegerme de peligros conocidos y desconocidos.

Señor, gracias por guiarme para hacer tu voluntad y por tu paciencia conmigo cuando no la he hecho.

Señor, gracias por salvarme y darme tu seguridad en los días oscuros.

Señor, gracias por todo lo que Cristo hizo por mí en la cruz del calvario.

Señor, gracias por tu grandiosa majestad y por tu bondad para con mi vida. Amén.

MI RESPUESTA DE HOY:

_____

_____

_____

_____

_____

_____

Para consultar las recetas sugeridas, ver las páginas 223-238

DÍA 10

Ayunar para tener hambre de Dios

Levanta las manos caídas por la fe y la oración; fortalece las rodillas que flaquean. ¿Tienes algunos días de ayuno y oración? Acude al trono de gracia y permanece ahí, y descenderá la misericordia.

JOHN WESLEY

Había ayunado por varios días y todo iba bien. Bill Greig, hijo presidente de la editorial Gospel Light Publishing, me preguntó:

—¿Qué gran respuesta a la oración has recibido a causa de tu ayuno?.

—No ayuno para obtener una respuesta a una oración, —respondí de inmediato.

—Entonces, ¿por qué te torturas de esta manera si no ayunas para obtener una respuesta?.

—Ayuno para conocer a Dios íntimamente —le dije—. Mi ayuno no se trata de obtener cosas de parte de Dios. Ayuno para experimentar a Dios con más intimidad.

—Ah… escribe eso para Regal Books. Ese es un tema atractivo para un libro.

Fui directo a la habitación del hotel y comencé a escribir lo que finalmente se publicó con el título de *God Encounters* [Encuentros con Dios][1]

Aunque Bill tenía razón al decir que "conocer a Dios" es un tema digno para un libro, estaba equivocado en otras dos cosas: primero, me preguntó por qué me involucraba en todo ese problema. Muchas personas que no ayunan piensan que ayunar es difícil o doloroso, o creen que aquellos que ayunan sufren dolor o tortura mental. Bill, al igual que muchas personas al enfrentarse al ayuno pensaba que "no era divertido" o que era "una experiencia tortuosa".

Cuando pasas tiempo con Dios, es una experiencia satisfactoria. Aquellas personas que se encuentran con Él experimentan un gozo profundo. Es una intimidad difícil de describir o de poner en palabras. (Hablaré más sobre eso en este capítulo).

Bill también estaba equivocado al pensar que ayunar solo se trata de obtener respuestas a la oración. Sí, el ayuno hace que recibamos respuestas a las oraciones. Recuerda que Jesús nos dijo: *"Pero este género no sale sino con oración y ayuno"* (Mateo 17:21, RVR60). Pero ayunar es más que una actividad física de negarse a comer: oramos y ayunamos para obtener la atención de Dios.

Te encuentras haciendo el ayuno de Daniel y tal vez ores por un proyecto de tu iglesia o alguna meta personal. Es probable que hayas modificado tu dieta y pases tiempo en oración. Pero, en este capítulo, quitemos nuestra atención de la meta o del proyecto de tu ayuno de Daniel. Vamos a observar qué sucede con tu comunión con Dios cuando ayunas.

Quédate en el momento

El cuerpo es un gran motor. Sabemos que todos los motores necesitan combustible, sea gasolina, carbón, madera o cualquier otra clase de combustible que produzca energía. Así que nuestro cuerpo también necesita comida para producir la tremenda cantidad de energía que gastamos cada día. A veces, cuanta más energía gastamos, más combustible (calorías: carbohidratos, grasas y proteínas) necesitamos para seguir adelante.

Cuando nuestro auto está casi sin combustible, comienza a

corcovear y a ahogarse para decirte que está a punto de detenerse. De la misma manera, si estás acostumbrado a comer tres comidas por día y te pierdes las tres comidas, tu estómago te hará saber que es tiempo de volver a llenarlo.

No quiero preocuparte, pero durante los primeros veinte días de tu ayuno, vives a base de las grasas de tu cuerpo hasta consumirlas. (Tu grasa es la energía para que tu cuerpo funcione). Eso es bueno, porque la enfermedad circula por tu cuerpo a través de la sangre, pero finalmente se deposita en tu grasa. En un ayuno, te deshaces de las enfermedades potenciales. Tal vez por eso Dios les dijo a los judíos en el Antiguo Testamento que no comieran grasa ni bebieran sangre (ver Levítico 6:26; 7:24-25). Quizá las instrucciones de Dios eran de *salud preventiva* para guardar a Israel de las enfermedades y de la debilidad física. Así que ayunar es bueno —no dañino— porque purgas tu cuerpo físico de enfermedades potenciales.

De este modo, cuando no comes —porque ayunas— recibes señales de tu cuerpo de forma regular: "aliméntame". Cada señal puede recordarte el propósito de tu ayuno de Daniel. Cada vez que tu estómago "gruñe" o "suena", te recuerda que "este ayuno es para Dios".

Los retorcijones de hambre te mantienen en un
momento de inspiración divina.

Pero no es solo tu estómago el que te envía mensajes. Cada cartel en la calle parece ofrecerte hamburguesas, pizza o alguna comida. No recuerdo haber visto tantos de estos carteles hasta que ayuné durante cuarenta días.

También la pantalla de la televisión es tu enemiga. Las propagandas llenan la pantalla con jugosos bifes y deliciosas langostas cocidas preparadas y sazonadas a la perfección. Y nunca es una corta imagen del plato de comida, el bife o la langosta llenan la pantalla hasta colmarla.

Cuando vienen estas imágenes mentales de comida, es un buen momento para aplicar la disciplina espiritual y orar. En lugar de pensar en la comida o desearla, oro por mi proyecto y por la meta por la cual ayuno. Una cosa es tener hambre de comida; otra cosa aun más grande es tener hambre por la presencia de Dios en tu vida.

Jesús dijo que Dios bendeciría —prosperaría— a aquel que tenga hambre de Él, porque la palabra "bendecir" significa "prosperar". Jesús prometió: *"Dichosos los que tienen hambre y sed de justicia, porque serán saciados"* (Mateo 5:6). ¿Tomaste nota de la promesa "serán saciados"? Cuando realmente tienes hambre de una hamburguesa caliente y jugosa de tu lugar favorito, no existe ninguna satisfacción como sentarse tranquilo para masticarla lentamente.

De la misma manera, hay momentos en que realmente quieres que Dios se manifieste en tu vida. Lo necesitas y lo quieres con todo tu corazón. Ayunar de comida terrenal es una manera de encontrar la presencia de Dios.

Cuanto más tiempo ayunas, más agudo se vuelve tu pensamiento. No gastas tus energías en alimentar tu cuerpo. Dios comienza a consumir tus pensamientos y tus experiencias. Te enfocas solo en Él. Gritas: *"...a fin de conocer a Cristo"* (Filipenses 3:10).

El beneficio no se limita a que tu proceso mental se enfoca en Dios. El cerebro piensa con más claridad y recuerdas más cuando ayunas. Quizá se debe a que tu corazón no bombea sangre extra a tu estómago para digerir la comida. Hay más sangre disponible para el cerebro, y esto significa que el cerebro funciona mejor.

Por tal razón el *ginkgo biloba* estimula tu mente y te ayuda a recordar. Es una hierba que aumenta la irrigación de sangre al cerebro. Por eso ayunar te ayuda a pensar con más claridad. Por lo tanto, enfoca tu mente en Jesús.

El salmista nos exhorta: *"Prueben y vean que el Señor es bueno; dichosos los que en él se refugian"* (Salmo 34:8). Cuando te abstienes de comida terrenal, puedes disfrutar la comida celestial; llenas tu ser solo de Cristo.

Jesús se llamó a sí mismo pan: *"'Yo soy el pan de vida', declaró Jesús. 'El que a mí viene nunca pasará hambre'"* (Juan 6:35). Comemos para tener fuerzas y vida, pero Dios también nos dio el regalo de la comida para disfrutarla. ¿Acaso la comida no nos satisface? ¡Una sandía fresca y crujiente en un día caluroso y húmedo! ¡Una pizza caliente y humeante en una noche de frío! ¡Un fabuloso bife cuando estás muerto de hambre! Así que piensa en la satisfacción que recibes de Jesús cuando llevas tu corazón vacío ante Él.

Jesús da una vida que satisface, tal como prometió: *"El que a mí viene nunca pasará hambre"* (Juan 6:35). Al ayunar, descubrimos que Jesús llena todo anhelo de nuestro corazón.

Muchas personas han malinterpretado el sermón de Jesús acerca del pan de vida. Él prometió: *"… si no comen la carne del Hijo del hombre ni beben su sangre, no tienen realmente vida. El que come mi carne y bebe mi sangre tiene vida eterna, y yo lo resucitaré en el día final"* (Juan 6:53-54). Algunos han pensado equivocadamente que los cristianos eran caníbales que robaron el cuerpo de Cristo y lo comieron. Otros han dicho que deben comer de la mesa del Señor para ser salvos. Ambas ideas son erróneas.

Cuando Jesús nos dice que comamos y bebamos de Él, está relacionado con nuestra unión con Cristo. Cuando fuimos salvos, invitamos a Jesús a vivir en nuestro corazón y Él entró en nuestra vida terrenal para darnos la eterna. Es como la imagen de cuando comemos un sándwich y entra en nuestro cuerpo para darnos fuerzas para seguir viviendo.

Sí, cuando ayunamos nos enfocamos en Jesús, que vive dentro de nosotros. Al leer Las Escrituras hacemos entrar a Cristo en nuestras vidas otra vez, porque Jesús es *"el Verbo* [de Dios]*"* (Juan 1:1). Por eso, lee mucho Las Escrituras cuando ayunes. La Biblia

—las palabras de Jesús— renueva nuestra voluntad de vivir para Dios y agudiza nuestra mente para pensar en Él.

Eso nos lleva al segundo paso. Si el primer paso es la *unión*, entonces el segundo es la *comunión*. Tendrás una relación más profunda, o comunión, con Cristo durante un ayuno como en ningún otro momento. Tu ayuno debe producir unión *y* comunión.

Miremos otro versículo en que Jesús nos dice que comamos de Él mismo. Este versículo nos promete *unión y comunión*: *"El que come mi carne y bebe mi sangre, permanece en mí y yo en él"* (Juan 6:56).

Cuando Jesús dice: *"yo en él"* es cuando tenemos unión con Cristo. Esta es la unión que comienza en la salvación al recibir a Cristo en nuestro corazón (ver Juan 7:12; Efesios 5:17). Estamos unidos a Cristo mediante la salvación. Entonces, ¿dónde está Cristo cuando ayunas? Está viviendo en tu corazón.

La otra parte del versículo, *"permanece en mí"*, significa que tenemos relación o comunión con Cristo. Así que cuando ayunas deberías estar más cerca de Dios que en cualquier otro momento de tu experiencia cristiana.

Recuerdo que cierta noche durante un ayuno asistí a una Cena del Señor a la luz de las velas en la iglesia. No había comido por más de veinte días y no tenía nada de hambre. Ni siquiera había pensado en que esta reunión incluía comer el pan. No me había dado cuenta del problema hasta que el diácono quitó el mantel blanco que cubría los ingredientes. Entonces surgió la pregunta: "¿Debo tomar la Cena del Señor?".

Me encontraba en la mitad de un ayuno de cuarenta días. Ayunaba para Dios y quería que Él fuera glorificado en todo lo que yo hiciera.

Razoné: "Puedo beber de la copa porque tomo jugo de naranja todas las mañanas". Pero no había entrado en mi boca nada de comida sólida. Entonces pensé: "No voy a comer el pan. No me importa lo que otros piensen si no lo como; esto es algo privado entre Dios y yo".

Decidí no comer el pan y sí beber la copa. Mantendría mi ayuno "a la perfección" para Dios. Oré y medité mientras los demás tomaban la Cena del Señor. Incluso pensé equivocadamente: "Hubiera sido mejor no haber venido esta noche y así poder honrar mi ayuno en privado". Entonces lo vi con claridad: "Comer el pan es una representación de la comunión con Cristo; de la misma manera que lo es el ayuno cuando no como".

Así que comí el trozo de pan esa noche mientras me relacionaba con Cristo, que mora en mi corazón. Desde ese momento nunca más sentí que esto violara mi ayuno. En todo caso, lo favorecía porque me comunicaba con Cristo íntimamente, que era uno de los propósitos del ayuno.

MI TIEMPO PARA ORAR

Señor, quiero conocerte más íntimamente al seguir con el ayuno de Daniel.

Señor, revélate a mi vida al buscarte.

Señor, confieso mi carnalidad y mi falta de amor hacia ti.
Perdóname por ser superficial, llévame más profundo contigo.

Señor, me comprometo en este ayuno de Daniel a conocerte
más de lo que lo he hecho en mi vida. Amén.

MI RESPUESTA DE HOY:

_____

_____

_____

_____

_____

_____

_____

_____

_____

_____

_____

Nota

1.   Elmer L. Towns, Good Encounters [Encuentros con Dios]. Ventura, CA. Regal Books, 2000.

Para consultar las recetas sugeridas, ver las páginas 223-238

DÍA 11

Orar es pedir

El ayuno no se limita a abstenerse de comer y beber. Ayunar realmente significa una abstinencia voluntaria, durante un tiempo, de varias necesidades de vida como la comida, la bebida, el sueño, el descanso, relacionarse con otras personas y demás. El propósito de esa abstinencia por un período de tiempo más largo o más corto es perder algún grado de los lazos que nos unen al mundo o a las cosas materiales y a lo que nos rodea como un todo, para que podamos concentrar todo nuestro poder espiritual en las cosas invisibles y eternas.

O. HALLESBY

Nos encontramos con una pregunta interesante: ¿Por qué Dios quiere que sus hijos le pidan cosas? ¿Acaso Dios no lo sabe todo? ¿Acaso Él no conoce ya todas nuestras necesidades? ¿Y Jesús no dijo: *"... su Padre sabe lo que ustedes necesitan antes de que se lo pidan"* (Mateo 6:8)? ¿Entonces por qué dejar de comer cuando oras?

Debido a que la oración es una relación con Dios, ¿alguna vez pensaste en la posibilidad de que Él quiera pasar tiempo contigo? Tal vez esa es la razón por la que Dios nos da la oportunidad de hacerle preguntas. Quiere que pasemos tiempo con Él.

El catorce veces ganador de los premios Grammy, Ricky Skaggs, leyó mi libro *Abriendo una brecha espiritual por medio del ayuno* y me envió un mensaje en el que decía que quería pasar un día conmigo tan solo para aprender acerca del ayuno y la oración. Así que compartí un miércoles de septiembre de 2007 con él.

Sir Edmund Hillary, el primer hombre en escalar el monte Everest, leyó el mismo libro y me envió un mensaje diciendo que quería charlar conmigo acerca del ayuno. Yo planeaba viajar a Nueva Zelanda para tomar el té con él, pero murió antes de que pudiéramos reunirnos.

Si las personas famosas quieren hablar contigo acerca del ayuno, probablemente tengas que reacomodar tus horarios para hacerlo posible. Pero Dios es más grande que cualquier persona famosa. Ahora has reacomodado tus horarios para hablar con Dios al ayunar. Tu ayuno de Daniel puede dar como resultado la mejor conversación que hayas tenido en la historia, vas a hablar con el Señor del Universo.

Pero haces más que hablar con Dios acerca de tu proyecto de oración. Alteras tu dieta durante diez o veintiún días para poder pedirle a Dios algo que es especial y que para ti, probablemente, es muy necesario.

Pedir es una manera elemental de dependencia de Dios. Cuando le pides a tu suegra un consejo, ¿acaso no demuestra eso tu confianza en ella, y no los acerca aun más? Ahora has honrado a Dios al pedirle respuestas a tu oración. Eso demuestra que crees que Él puede hacer lo que le pides.

Pedir te pone en sociedad con Dios. Cuando le pides a alguien que te ayude con un proyecto, ¿eso no significa acaso que ambos van a trabajar juntos? Entonces piensa cuánto te acercas a tu amigo cuando le pides que ore contigo por una necesidad (ver Mateo 18:19). ¿Cuán cerca te colocas de Dios cuando le pides su ayuda?

Una cosa más: debes pedirle porque a Dios le agrada que le pidan. Por eso Jesús nos dijo que pidamos (ver Mateo 7:7-8). ¿Acaso los padres no disfrutan cuando sus hijos les piden algo? ¡Claro! Los padres probablemente ya conocen lo que sus hijos necesitan, y hasta incluso lo que quieren obtener. ¿Y no hace que un padre se sienta bien el saber que sus hijos piensan que pueden obtener cualquier cosa de ellos? El amor crece en una relación de pedir y obtener.

Yo llevo a mis nietos —y a sus padres— a comer fuera los domingos después de la iglesia, a un restaurante italiano que nos encanta. Cerca de allí hay un negocio donde todo cuesta un dólar. Llevo a los niños allí después de comer y les digo: "¡Pueden tomar lo que ustedes quieran!".

Salen corriendo enloquecidos por los pasillos tratando de encontrar lo que más quieren. Dos de mis nietos, cuya madre es muy estricta, solamente piden una cosa por semana. Otro de mis nietos vive solo con su madre, que no tiene mucho dinero. Al principio quería únicamente dos o tres cosas. Luego, cinco o seis. Finalmente, subió a diez o doce. Y pienso: "¿Qué son un par de dólares comparados con el gozo que todos nos llevamos de esta experiencia?".

Eso lleva a la comunión. Cuando le pedimos algo a Dios, enriquece nuestra comunión con el Padre. Le decimos lo que queremos y nos acercamos a Él lo más posible para profundizar nuestra relación y así obtener lo que necesitamos.

Y luego están los recuerdos. Llevo a mis nietos al negocio donde todo cuesta un dólar para crear recuerdos placenteros de su abuelo. De igual manera cada vez que recibes algo de Dios recuerdas una respuesta a una oración anterior y te motiva a pedir una y otra vez, y, por supuesto, te mantienes en una buena relación con Dios y así recibes una y otra vez.

Todavía puedo ver a este pequeñito que recibe diez o doce cosas. Viene y se para al lado de mi silla mientras termino de comer el plato de spagueti y carne o el sándwich de carne y queso. No dice nada, tan solo se para allí. Yo sé lo que quiere, así que rápidamente termino de comer y vamos al negocio donde todo cuesta un dólar. ¿Sabes?; Me encanta! Así que ve y párate cerca de tu Padre celestial y espera la respuesta que buscas.

Pedir en el nombre de Jesús

Jesús les dijo a sus discípulos: *"Hasta ahora no han pedido nada en mi nombre"* (Juan 16:24). Él los introducía a una nueva relación de orar-pedir al Padre. Después de que Jesús muriera y subiera al cielo, sus seguidores tendrían una relación de oración nueva y diferente con Él.

¿Cuál era la nueva relación de oración? *"Pidan y recibirán, para que su alegría sea completa"* (Juan 16:24). Lo que Jesús dice de la alegría significa: *"Háganlo* [pidan]*, y Dios les dará lo que pidan; así serán completamente felices"* (Juan 16:24, TLA).

Jesús no utilizaba su nombre como una especia de mantra, ni tampoco era un código secreto que abría cosas cerradas, ni una llave mágica para abrir puertas. Cuando Jesús dijo "pidan en mi nombre", ni siquiera quiso decir que agregáramos su nombre al final de nuestras oraciones para recibir las cosas de parte del Padre, aunque todos finalizamos nuestras oraciones en el nombre de Jesús.

Orar en el nombre de Jesús es aprovechar al máximo su muerte para quitar nuestros pecados (ver Juan 1:29). Debido a que su sangre nos limpia de todos los pecados de nuestra vida (ver 1 Juan 1:7), su muerte selló nuestra eterna relación con el Padre. Así que cada vez que oramos en el nombre de Jesús, aprovechamos lo que Él hizo en la cruz para conectarnos con nuestro Padre celestial.

Pero también existe una relación actual. Cuando oramos en el nombre de Jesús, nos identificamos con la nueva vida de Jesús en el cielo. En el Nuevo Testamento se nos dice más de ciento setenta y dos veces que estamos "en Cristo". Estamos tan cerca del corazón del Padre como lo está Jesús. Así que pide lo que necesitas "en el nombre de Jesús"; Él ha prometido escuchar y responder. Pablo nos cuenta acerca de esta nueva relación:

Pero Dios, que es rico en misericordia, por su gran amor por nosotros, nos dio vida con Cristo, aun cuando estábamos muertos en pecados. ¡Por gracia ustedes han sido salvados! Y en unión con Cristo Jesús, Dios nos resucitó y nos hizo sentar con él en las regiones celestiales.

—EFESIOS 2:4-6

Una cosa más acerca de orar en el nombre de Jesús: ¡Él está en tu corazón! Le pediste que entre a tu vida cuando fuiste salvo. Pablo oró para que los efesios entendieran su nueva relación *"para que por fe Cristo habite en sus corazones"* (Efesios 3:17). Por eso, pide en el nombre de Jesús porque Él está en tu corazón.

Condiciones

Es obvio que no puedes pedir cualquier cosa ni que tampoco vas a recibir todo lo que pides en oración. Dios no hace cosas imposibles, como hacer de cuenta que el pasado nunca sucedió. No puedes pedirle a Dios que borre el aborto que desearías nunca haber realizado.

Dios no te dará algo que te lastime ni algo que no deberías tener. Toma el ejemplo de mi nieto al que le gusta llevarse un montón de cosas de la tienda donde todo cuesta un dólar. No le compraría una motocicleta o un par de sofisticados zapatos gruesos de doscientos dólares para hombres. No puede usarlos, no está listo para hacerlo.

De la misma manera, no compraría algo que podría lastimarlo: marihuana, una cerveza o un paquete de cigarrillos.

Cierto domingo, el pequeñito quería un paquete de fichas de póquer envueltas en celofán (no se las compraría, tal vez porque son un símbolo de apuestas). Caminé con él hasta el estante de las galletitas y le dije: "Tengo algo mejor para ti". En lugar de un paquete de fichas de póquer envueltas en celofán, era un paquete de galletitas envueltas en celofán. Sonrió y se quedó feliz.

Pensé en Elías en el desierto, sentado bajo un sauce, llorando. Oró para morir: *"Quítame la vida"* (1 Reyes 19:4). Pero Dios sonreía en la oscuridad porque tenía algo mejor para Elías. Puedo escuchar a Dios decir: "¿Qué tal un carro y unos caballos de fuego? ¿Qué te parece no morir en absoluto?".

La próxima vez que pidas algo y Dios diga "no", tal vez sea porque tiene unas galletitas de chocolate envueltas en celofán, en lugar de fichas de póquer.

La primera condición para orar en el nombre de Jesús es pedir. ¡Así es! Orar es simplemente pedir. Puedes mantener tus oraciones en las elevadas alturas de la alabanza y la adoración —formas de orar que son necesarias—, pero si no pides, quizá no recibas lo que necesitas.

¿No reafirmó Santiago el método de oración? *"No tienen, porque no piden"* (Santiago 4:2). Así que quizá no tienes ciertas cosas por las que has ayunado porque no las has pedido de la manera correcta, o con la actitud correcta o en el momento correcto.

La segunda condición es pedir de forma repetida y continua. Recuerda que Jesús dijo: *"Pidan, y se les dará; busquen, y encontrarán; llamen, y se les abrirá. Porque todo el que pide, recibe; el que busca, encuentra; y al que llama, se le abre"* (Mateo 7:7-8).

¿Acaso Dios te dice que lo molestes? ¡No! Cuando Dios nos dice que pidamos de forma continua, nos quiere decir que mantengamos nuestra fe en Él. A veces Dios espera a ver si somos sinceros. Otras veces Él comienza a responder, pero lleva tiempo que la respuesta llegue a ti. Tal vez Dios quiere que continúes orando porque Él va a desplegar la respuesta lentamente. A veces, cuanto más tiempo oras más respuesta obtienes.

Si la oración es como el combustible que hace funcionar el motor, quizá necesites orar a menudo, como cuando tuve que llenar un pequeño tanque de combustible de una máquina de cortar césped de color verde que compré en una venta de garaje. Nunca había visto una máquina de cortar césped como ese pequeño artefacto. Necesitaba llenar cuatro o cinco tanques de combustible para cortar el césped. A veces necesitas seguir colocando oración para continuar recibiendo respuestas.

Una tercera condición es permanecer en Cristo, La Palabra de Dios viva. Él dijo: *"Si permanecen en mí y mis palabras permanecen en ustedes, pidan lo que quieran, y se les concederá"* (Juan 15:7). Por lo general, las personas piensan que "permanecer" significa meditar en Cristo o hablar con Cristo. Significa eso, pero también tiene un significado más elemental. "Permanecer" significa obedecer sus mandamientos o reglas. *"El que obedece sus mandamientos permanece en Dios"* (1 Juan 3:24).

Así que la tercera condición tiene que ver con la obediencia. Unos versículos antes, Juan nos dice: *"...y recibimos todo lo que le pedimos porque obedecemos sus mandamientos y hacemos lo que le agrada"* (1 Juan 3:22). De niño, yo sabía que tenía que obedecer a mi madre si quería que ella me hiciera caramelos de chocolate o una taza de helado.

¿Por qué entonces pensamos que podemos maldecir el nombre del Señor, o satisfacer nuestra lujuria, o tener relaciones sexuales fuera del matrimonio o desobedecer a nuestros padres y aun así esperar que Dios responda nuestras oraciones? Aquellos que son obedientes reciben las mayores respuestas.

¿Qué significa dejar que las palabras de Jesús, o La Biblia, permanezcan en ti? Significa que llenas tu vida con Las Escrituras. Vas a la iglesia a escuchar la prédica y la enseñanza de La Biblia. La lees en privado, la memorizas y meditas en ella (ver Salmo 1:1-3). Llenas tu vida con La Palabra escrita de Dios, que es como llenar tu vida con Jesús, La Palabra de Dios viva.

Cuando vives de acuerdo con Las Escrituras, llevas una vida que califica para obtener respuestas a las oraciones. Cuando La Biblia controla tu vida, no pides de manera egoísta. No vas a reclamar arbitrariamente un millón de dólares para sentirte más feliz o para cumplir un deseo de una lista que se te haya ocurrido. Es más probable que aquellas personas controladas por La Biblia oren de acuerdo a la voluntad de Dios.

Eso nos lleva a la cuarta condición. Debemos orar de acuerdo con la voluntad de Dios. Juan prometió:

> *Esta es la confianza que tenemos al acercarnos a Dios: que si pedimos*
> *conforme a su voluntad, él nos oye. Y si sabemos que Dios oye todas*
> *nuestras oraciones, podemos estar seguros de que ya tenemos lo que le*
> *hemos pedido*
>
> —1 Juan 5:14-15

Observa la progresión de la promesa de Dios según ese pasaje bíblico. Primero, pedimos de acuerdo con la voluntad de Dios; segundo, sabemos que Dios nos escucha cuando pedimos en su voluntad y, tercero, sabemos que vamos a recibir las peticiones que le hicimos.

¿Recuerdas la canción de rock de los años sesenta que cantaba Janis Joplin? "Lord, won't you buy me a Mercedes, all my friends have Porsches"[1] ["Señor, ¿no me comprarías un Mercedes, que todos mis amigos tienen Porsches?"]. ¿Realmente podemos pensar que la voluntad de Dios es una mansión en Beverly Hills, el auto de lujo más caro o ganar la lotería? ¡No! Debes orar dentro de la voluntad de Dios para recibir respuestas.

Dios mantiene a muchos de sus hijos económicamente ajustados porque si tuviesen todo el dinero que desean o piden, pasarían el invierno en Palm Springs y el verano en la riviera francesa. Satisfacer los deseos de la carne (la satisfacción física), los deseos de los ojos (lo material) o el orgullo de la vida (la posición o fama) los destruiría (ver 1 Juan 2:15-17).

La quinta condición es la fe. *"En realidad, sin fe es imposible agradar a Dios, ya que cualquiera que se acerca a Dios tiene que creer que él existe y que recompensa a quienes lo buscan"* (Hebreos 11:6). Para obtener tu recompensa debes creer que Dios existe, luego buscarlo diligentemente por las peticiones que quieres. ¿No es por eso que ayunas durante diez o veintiún días?

Jesús nos dijo *"Tengan fe en Dios"* (Marcos 11:22). Luego nos enseñó que podemos ejercitar nuestra fe al decir palabras. Eso es lo que hacemos al orar: *"Les aseguro que si alguno le dice a este* monte: '*Quítate de ahí y tírate al mar', creyendo, sin abrigar la menor duda de que lo que dice sucederá, lo obtendrá"* (Marcos 11:23). Eso significa que debes *decir* con fe lo que quieres recibir en oración. Así que dile a Dios en este momento acerca de tu proyecto de oración por el que ayunas.

Por eso, el quinto secreto para recibir las respuestas a las oraciones es la fe. Luego de ordenarnos ejercitar nuestra fe, Jesús nos dijo cómo hacerlo: *"Por eso les digo: Crean que ya han recibido todo lo que estén pidiendo en oración, y lo obtendrán"* (Marcos 11:24).

¿No buscas a Dios diligentemente al orar y ayunar durante un período de tiempo prolongado? ¿No comenzaste el ayuno de Daniel como una declaración de fe de que crees que Dios puede darte el proyecto de oración por el que oras? Cuanto más tiempo pases en oración y cuanto más prolongado sea tu ayuno, más fuerte se volverá tu fe.

Fe es creer que Dios va a escucharte y que Él va a responder. La fe es una experiencia que crece: *"...fe de principio a fin (...) 'El justo vivirá por la fe'"* (Romanos 1:17). Si tienes fe para comenzar un ayuno, entonces, cuanto más ores, más fuerte se volverá tu fe.

La sexta condición tiene que ver con el fruto de tu vida. Lo que buscamos de Dios en oración está unido al fruto de nuestra vida. Se nos dice que permanezcamos en Jesús para llevar fruto: *"El que permanece en mí, como yo en él, dará mucho fruto"* (Juan 15:5).

Luego Jesús promete: *"...yo los escogí a ustedes y los comisioné para que vayan y den fruto, un fruto que perdure. Así el Padre les dará todo lo que le pidan en mi nombre"* (Juan 15:16). Aquí, Jesús une las respuestas a las oraciones con el hecho de llevar fruto en nuestra vida.

Hablamos acerca de seis condiciones para orar en el nombre de Jesús. Podemos recibir la respuesta a nuestras oraciones debido al *factor amistad.* ¿Acaso no disfrutamos al darles cosas a nuestros amigos cuando nos piden? Jesús dijo: *"Ustedes son mis amigos si hacen lo que yo les mando"* (Juan 15:14). Cuando estamos en comunión con Jesús y caminamos en amistad con Él, ¿no es ese el lugar donde se responden las oraciones?

MI TIEMPO PARA ORAR

Señor, creo que Tú existes, que me salvaste y que respondes las oraciones, por eso te pido que respondas la oración por la que ayuno.

Señor, sé que Jesús entró en mi corazón y vive en mi vida; ahora vengo a través de Él por el proyecto de oración por el que ayuno.

Señor, Jesús está sentado a tu diestra en gloria, y yo estoy ubicado "en Él". Ahora vengo a través de Cristo para recibir las respuestas por las que ayuno.

Señor, dame fe para creerte respecto a la respuesta por la que ayuno. "¡Sí creo! (...). ¡Ayúdame en mi poca fe!". Amén.

MI RESPUESTA DE HOY:

_____

_____

_____

_____

_____

_____

Nota

1. Ver las letras de Janis Joplin htttp://www.google.com/search?hl=en&q=Lord%2C +won%27t+you+buy+me+a+Mercedes&rlz=1W1GZEZ_en&aq=f&oq=&aqi=g4

Para consultar las recetas sugeridas, ver las páginas 223-238

DÍA 12

Ayunar para adorar a Dios

No está mal ayunar, si lo hacemos de la manera correcta y por el motivo correcto. Jesús ayunó (Mateo 4:2), como también ayunaron los miembros de la Iglesia primitiva (Hechos 13:2). Ayunar ayuda a disciplinar los apetitos del cuerpo (Lucas 21:34) y a mantener rectas nuestras prioridades espirituales. Pero el ayuno nunca debe convertirse en una oportunidad para la tentación (1 Corintios 7:5). Privarnos simplemente de un beneficio natural (como la comida o el sueño) no es en sí ayunar. Debemos dedicar nuestra vida a Dios y adorarlo. A menos que haya devoción del corazón (ver Zacarías 7) no existe ningún beneficio duradero.

WARREN W. WIERSBE

¿Alguna vez te preguntaste por qué debes adorar a Dios cuando Él tiene a todos los ángeles del cielo que lo adoran? Después de todo, continuamente exclaman: *"Santo, santo, santo es el Señor Todopoderoso; toda la tierra está llena de su gloria"* (Isaías 6:3).

Pareciera que la alabanza que presentan a Dios es mucho mejor que cualquier alabanza que nosotros podríamos darle. ¿Por qué? Porque los ángeles no pueden pecar por eso lo adoran con un corazón puro. Tampoco están influenciados por el egoísmo y la hipocresía, ni tampoco sus pensamientos tienden a divagar mientras oran. Eso significa que los ángeles cuando adoran no están afectados por los deseos terrenales, como lo estamos nosotros.

Algo más: los ángeles adoran a Dios constantemente: *"Y día y noche repetían sin cesar: 'Santo, santo, santo es el Señor Dios Todopoderoso, el que era y que es y que ha de venir'"* (Apocalipsis 4:8). Pero nosotros no adoramos a Dios continuamente, porque estamos ocupados en ganar dinero, en cuidar a nuestra familia o en hacer miles de cosas que llenan nuestra agenda.

¿Acaso los ángeles no saben más acerca de Dios que nosotros? Están parados en la presencia de Dios como espíritus que le ministran (ver Hebreos 1:14).

Esto plantea una pregunta interesante: ya que Dios tiene una multitud de ángeles para adorarlo continuamente que nos superan en pureza y saben más acerca de Dios que nosotros en esta Tierra, ¿por qué necesita que lo adoremos?

Técnicamente, adorar es lo único que Dios no puede hacer por sí mismo. Si escribo mi propio comunicado de prensa, me jacto de mis logros y presumo ante todos por lo grandioso que soy, ¿quién me creería? ¿Acaso no dicen Las Escrituras: *"ante las alabanzas, el hombre* [se prueba]*"* (Proverbios 27:21)?

¿Pero Dios no conoce ya su grandeza y lo que puede hacer? Porque si Dios se alabara a sí mismo, ¿lograría algún bien celestial? Dios no puede adorarse a sí mismo; Él quiere que nosotros seamos auténticos adoradores. Por eso, desde un corazón sincero, nos dijo Jesús: *"...así quiere el Padre que sean los que le adoren"* (Juan 4:23). Dios busca la adoración de su Pueblo para manifestar todo lo que Él es y puede hacer.

En el Salmo 103, David escribió: *"Alaba, alma mía, al Señor; alabe todo mi ser su santo nombre"* (Salmo 103:1). Primero, esto nos enseña a acercarnos a Dios con todo nuestro corazón, lo que significa que nada está oculto o escondido de su vista. ¿No debemos abrir nuestro corazón al alabar a Dios? Él sabe todo lo que somos y hacemos, por eso debemos ser honestos en nuestra alabanza a Él.

Segundo, cuando bendecimos a Dios, le damos valor, de la

misma manera que valorizamos a alguien al bendecirlo sobre la Tierra. La palabra "bendecir" significa "dar valor" a algo. Puedo bendecir a mi nieto económicamente al darle dinero. Puedo bendecir a mi esposa emocionalmente al servirle café en la cama cada mañana cuando se despierta. Bendecimos a las personas cuando las ayudamos a aprender La Biblia o a seguir los mandamientos de Dios.

Entonces, ¿cómo podemos bendecir a Dios? Él no necesita nuestro dinero; Él no precisa ninguna de las cosas que podemos darle; no podemos hacer nada para facilitarle la vida. No podemos darle a Dios nada que no tenga. Dios no necesita absolutamente nada.

Pero cuando bendecimos al Señor, le damos algo que todavía no tiene. Le damos valor al Reino de Dios al alabarlo por redimir nuestra alma y transformar nuestra vida. Reconocemos la bondad de Dios para salvarnos y su grandeza para darnos vida eterna.

Cuando adoramos a Dios, nos alejamos de nosotros mismos y nos acercamos a Él, tal vez más cerca que nunca antes. Nos alejamos de nuestras oraciones y peticiones y nos enfocamos en Él y en su gloria. Cuando adoramos a Dios, no le pedimos nada para nosotros, ni le pedimos que nos saque de un problema ni que nos proteja. Nuestra adoración no tiene nada que ver con nosotros mismos; tiene que ver con Dios.

¿Por qué alabar a Dios?

¿Te has dado cuenta de que se nos ordena adorar a Dios? El autor de Hebreos dice: *"Así que ofrezcamos continuamente a Dios, por medio de Jesucristo, un sacrificio de alabanza, es decir, el fruto de los labios que confiesan su nombre"* (Hebreos 13:15). Así como un duraznero produce duraznos, nuestra boca debe producir las palabras de gratitud que salen de nuestro corazón porque estamos agradecidos a Dios por habernos salvado.

Pero existe otra razón por la cual adorar a Dios. Pensemos en lo que la adoración hace por nosotros. Cada uno de nosotros necesita esperanza en esta vida para algo más allá de nosotros. Cuando alabamos a Dios por su protección, nos elevamos más alto y más cerca de Dios que antes. Y el agradecimiento es grandioso, porque no nos permite ser pesimistas cuando esperamos el fracaso.

La adoración no nos permite quedar empantanados en las deprimentes circunstancias de la vida. Enfoca nuestra vida en algo mayor que nuestras limitaciones actuales. La alabanza no nos permite ser egocéntricos ni negativos.

Piensa en lo que la adoración te enseña. Cada vez que alabamos a Dios, comenzamos a aprender algo más sobre Él: lo que ha hecho por nosotros y lo que ha prometido que hará por nosotros en el futuro. Al aprender más y más sobre lo que Él ha hecho por nosotros, se profundiza nuestra relación con Él.

Tal vez sea por esto que los discípulos *"estaban continuamente en el templo, alabando a Dios"* (Lucas 24:53), y por lo cual Pablo dedicó el libro de los Efesios *"...para alabanza de su gloriosa gracia"* (Efesios 1:6).

Practicar la adoración

Nunca podemos alcanzar el nivel más alto de alabanza con lo que los ángeles adoran a Dios, pero podemos orar como David: *"Sean, pues, aceptables ante ti mis palabras y mis pensamientos"* (Salmo 19:14). Aunque no podemos orar con las palabras de los ángeles, podemos hacerlo con las palabras de David y pedirle a Dios que acepte nuestra alabanza diaria.

Piensa en todas las grandes cosas que Dios hace por ti. No vendría mal hacer una lista de todas ellas y repetirla de forma audible en agradecimiento a Dios. Pablo nos dijo: *"...en toda ocasión, con oración y ruego, presenten sus peticiones a Dios y denle gracias"*

(Filipenses 4:6); debemos utilizar la acción de gracias como una herramienta que nos ayudará a orar mejor en el futuro.

Luego deberíamos hacer lo que David sugiere: *"Engrandezcan al Señor conmigo; exaltemos a una su nombre"* (Salmo 34:3). Observemos la palabra "engrandecer"; resulta imposible engrandecer a Dios, porque no se lo puede hacer más grande o más asombroso. Entonces, ¿cómo engrandecemos a Dios? Piensa en los anteojos para leer. Necesito "engañadores" para leer el periódico gris y la guía telefónica. Cuando utilizamos "engañadores", las palabras no se agrandan en el papel. Todos sabemos que esto no sucede con las palabras. Ellas se agrandan a mis ojos para leer mejor.

Por eso cuando engrandeces a Dios, Él se vuelve más grande en tus pensamientos y en tu corazón. ¿Y qué haces cuando sucede eso? Respondes a Dios de una manera superior. Te sumerges en Él y ahora estás listo para añadir oraciones a tu ayuno de Daniel.

Practica la presencia continua de Dios en tu vida. David dijo: *"Bendeciré al Señor en todo tiempo; mis labios siempre lo alabarán"* (Salmo 34:1). Al vivir este día, mira de forma consciente las pequeñas formas en que ves a Dios en tu vida. Haz una oración corta de agradecimiento por todo lo que Él hace. Cuanto más agradeces a Dios por lo que hace en tu vida, mucho más se manifestará su presencia en ella.

Mi tiempo para orar

Señor, voy a adorarte desde lo profundo de mi corazón y no voy a ocultar nada de mi vida en mi adoración.

Señor, voy a bendecir tu nombre continuamente y voy a adorarte en las cosas grandes y pequeñas de mi vida.

Señor, perdóname por las veces que no vi tu presencia en mi vida, cuando no era consciente de tu obrar en ella. Ayúdame a ver con más claridad al desarrollar tu voluntad para mi vida, y enséñame a ser agradecido por lo que haces.

Señor, gracias por revelarte a mi vida. Amén.

MI RESPUESTA DE HOY:

_____

_____

_____

_____

_____

_____

_____

_____

Para consultar las recetas sugeridas, ver las páginas 223-238

DÍA 13

Ayunar para localizar el pecado

Aunque existen diversas clases de ayuno, el más común, y el que yo reco-
miendo para comenzar, es abstenerse de comida, pero no de bebidas, por un
determinado período de tiempo. En lo que respecta a las bebidas, todos están
de acuerdo en que el agua es la bebida básica. Algunas personas agregan café
o té, algunas agregan jugos de frutas.

También todos están de acuerdo en que algo como un licuado va dema-
siado lejos y no se encuentra en el espíritu del ayuno. Sin importar qué, el
ayuno supone una práctica intencional de negación propia y esta disciplina
espiritual se ha conocido a través de los siglos como un medio para abrir
nuestras vidas a Dios y acercarnos a Él (...). En la medida en que el ayuno
se vuelva más que una norma en nuestra vida cristiana cotidiana como
individuos y como congregaciones, vamos a volvernos más efectivos en la
guerra espiritual.

C. PETER WAGNER

En octubre de 1973, los estudiantes de la Universidad Liberty experimentaron la presencia de Dios en un avivamiento que dio como resultado un ayuno de sesenta horas. La reunión usual de oración de los miércoles a la noche terminó un poco después de las nueve, y el avivamiento que transformó tantas vidas comenzó cerca de las diez y media.

El auditorio principal de la iglesia bautista Thomas Road Baptist Church era el lugar principal de los estudiantes para "reunirse", porque esta universidad nueva no tenía mucho espacio y muchos estudiantes vivían en pequeñas casas cerca de la iglesia.

Cerca de treinta y cinco estudiantes estaban dispersados en pequeños grupos por todo el auditorio cuando un joven, llorando, se paró detrás del púlpito para anunciar: "Todos ustedes creen que yo soy salvo, pero no lo soy...". Confesó los pecados de mentir, hacer trampa en los exámenes, ser una persona egoísta y varios más.

Los asombrados estudiantes escucharon atentamente hasta que bajó las escaleras del púlpito para orar. Algunos fueron a orar con él, otros oraron por él en pequeños grupos. Un espíritu reverencial colmó la habitación. Luego, entre los sonidos de los murmullos de las oraciones, otro joven se paró detrás del púlpito. Él también comenzó a hablar: "Ustedes piensan que soy salvo, pero nunca recibí a Cristo...". También confesó sus pecados y bajó al otro lado del púlpito a orar. Varios jóvenes se le unieron.

Entonces, el sonido del piano que tocaba *Dulce hora de oración* llenó el lugar de oración. Una joven muchacha tenía una llave y había abierto el piano, y comenzado a tocar. Los himnos de fondo no se detuvieron por aproximadamente sesenta horas. Otros pianistas se sentaron en la fila delantera para esperar su turno para tocar. Era casi como si todos se hubieran puesto de acuerdo: "Si la música se detuviera, el avivamiento se acabaría". A los pocos minutos, la melódica música de un órgano se unió al piano. También había varios organistas voluntariosos para que el avivamiento continuara.

A continuación, una jovencita dio el mismo testimonio: "Todos ustedes creen que yo soy salva porque me bauticé cuando era pequeña... pero no lo soy...".

Cerca de la medianoche, alguien llamó al pastor Jerry Falwell y le dijo: "Es mejor que te acerques a la iglesia, se ha desatado un avivamiento". Vino vestido de manera informal, sin saco ni corbata. Había una sensación de urgencia. Durante toda la noche los estudiantes y los miembros de la iglesia sintieron una repentina urgencia de "venir a la iglesia". Algunas personas recibieron un llamado por teléfono de sus amigos, a otras las despertó el Espíritu

Santo. Para las seis de la mañana, más de dos mil personas llenaban el auditorio.

Cerraron la universidad por dos días; no había clases en los colegios secundarios; aquellas personas que tenían sus propios negocios cerraron las puertas. La presencia de Dios estaba en la iglesia y nadie quería irse. Cuando los estudiantes se cansaban y ya no podían mantenerse despiertos, dormían debajo de los bancos; algunos hasta dormían en el piso del vestíbulo trasero. Jesús estaba allí, ¿quién podía irse? La multitud llegó a más de cuatro mil personas.

No había una prédica formal, pero las personas formaban una larga fila a la izquierda del púlpito. Cuando llegaba su momento de hablar, algunas confesaban sus pecados, o bien anunciaban que acababan de orar para recibir a Cristo; otras daban testimonio de su fe; otras tan solo pedían una canción para cantar entre todos o para que algún solista entonara su canción favorita.

Durante sesenta horas el clima de la audiencia alternaba entre momentos reverenciales de meditación y fuerzas gritos de "¡Aleluya" o "¡Amén!".

Los grandes avivamientos de Las universidades Wheaton College y Asbury fueron explosivos. Cuando el Espíritu Santo cayó como una bomba, las personas fueron por todas partes a desparramar el espíritu de avivamiento. El avivamiento de la Universidad Liberty fue implosivo. Las personas entraban en la presencia de Dios y no se atrevían a irse, ni podían hacerlo, era como si hubiesen sido succionadas por un remolino.

Muchas personas que habían profesado anteriormente su salvación ahora realmente nacían de nuevo, porque solo habían hecho una confesión externa que no era de corazón. Dios les mostró a muchos el pecado oculto de sus vidas. El orgullo había sido jactancioso, pero ahora era visto como un pecado de arrogancia contra Dios. Aquellas personas que tenían muchos pecados pequeños que no herían a nadie se arrepintieron cuando se dieron cuenta de que su pecado era contra Dios. Y por supuesto, hubo algunos testimonios impresionantes de aquellos que ocultaban pecados de mayor gravedad.

Aquí es donde entra el ayuno: casi nadie salió de la iglesia para ir a comer. Cristo era el pan de vida, y la comunión con Él satisfizo toda sensación de hambre que alguien pudiera tener. Las personas estaban tan ocupadas encontrándose con Dios que no se tomaron tiempo para comer; no, no querían comer.

Un estudiante que llamó para pedir una pizza se sintió tan culpable que gran parte de la misma terminó en el tacho de basura, aunque había una multitud que no había comido por un día. Algunas veces el ayuno se convierte en una lucha, pero hay momentos —como el avivamiento de Liberty— en que el Señor se manifiesta de tal manera que las personas se olvidan de la comida: *"Prueben y vean que el Señor es bueno"* (Salmo 34:8).

Cuando Dios bendijo a los estudiantes de Liberty con su presencia, fue lo que yo llamo "la presencia atmosférica de Dios". Así como puedes sentir la humedad un día nublado cuando no llueve, de la misma manera puedes experimentar la presencia de Dios. El avivamiento se define cuando Dios derrama su presencia sobre su pueblo, como se ve en la promesa del Señor: *"...derramaré mi Espíritu sobre todo el género humano"* (Joel 2:28).

En ese avivamiento de sesenta horas, Dios bendijo a los estudiantes de la Universidad Liberty porque cumplieron con Las Escrituras: *"Dichosos los que tienen hambre y sed de justicia, porque serán saciados"* (Mateo 5:6).

El avivamiento se terminó cerca de las siete de la mañana del sábado. Un joven se paró delante del púlpito para "confesar" sus pecados. Incluyó algunas conductas sexuales en la secundaria, pero parecía alardear. Las personas no sentían pena por su pecado, tampoco había quebrantamiento. Fue como si el Espíritu Santo hubiera dicho: "Yo no tengo nada que ver con esto", y quitó su presencia.

Muchos estudiantes se fueron para realizar sus tareas de servicio cristiano, y el líder luchó para que la reunión continuara. Pero cerca de las nueve de la mañana, todos se dieron cuenta de que había terminado, así que se oró por bendición y todos se fueron a casa.[1]

¿Y ahora qué?

En este avivamiento el Espíritu Santo les mostró a las personas sus pecados cuando buscaron el rostro de Dios, ayunaron y se arrepintieron. Ahora te encuentras en un ayuno de Daniel de diez o veintiún días y oras por un proyecto en particular o por una razón que Dios puso en tu corazón. ¿Qué te dice este acontecimiento?

Quizá Dios te llevó a este ayuno de Daniel de diez o veintiún días por algún pecado en tu actitud, en tus acciones o en tus pensamientos. Tal vez Dios quiere que trates con un pecado antes de darte la gran oportunidad que buscas.

Miremos algunas razones por las que pudiera haber una barrera para tu victoria espiritual. El pecado puede ser pequeño, algo insidioso que dificulta tu progreso espiritual, pero quizá no estés consciente de ello. ¿Por qué?

A veces estamos ciegos a nuestro propio pecado. Está allí, pero no lo vemos. Somos como un hombre con cáncer que tiene un crecimiento oculto en el colon que socava sus fuerzas, pero él no lo sabe. Solía caminar dieciocho hoyos de golf y llevar sus palos. Pero lentamente perdió las fuerzas, así que empezó a utilizar el carrito. Luego acortó el juego a nueve hoyos porque estaba muy cansado. Finalmente, el cáncer agotó su resistencia y ya ni siquiera tuvo ganas de jugar. Luego una colonoscopía reveló la enfermedad, fue operado y ahora está de vuelta con sus dieciocho hoyos.

El pecado —al igual que el cáncer— agota nuestras fuerzas espirituales para que no podamos hacer las cosas para Dios como solíamos. Luego el pecado mata nuestra resistencia. No queremos orar ni leer La Biblia, ni siquiera ir a la iglesia donde adoramos y alabamos a Dios.

Antes de matar nuestras fuerzas, el pecado nos ciega. *"El dios de este mundo ha cegado la mente de estos incrédulos, para que no vean la luz del glorioso evangelio de Cristo, el cual es la imagen de Dios"* (2 Corintios 4:4).

Cuanto más tiempo permaneces en la luz, más consciente eres de lo que Dios trata de decirte. En el ayuno de Daniel, Él comienza a mostrarte los pecados ocultos que bloquean el fluir de sus bendiciones. Esto es similar a cuando hay basura en el circuito del combustible, y el motor funciona con la mitad de la fuerza. Al deshacerte de la basura, el flujo de la energía producida por el combustible le dará nueva vida al motor.

Pero tan solo saber que hay un pecado oculto no es suficiente. Debes confesarlo a Dios para que te perdone. *"Si confesamos nuestros pecados, Dios, que es fiel y justo, nos los perdonará y nos limpiará de toda maldad"* (1 Juan 1:9).

Recuerda que la confesión significa mucho más que tan solo reconocer su presencia en tu vida. Cuando *confiesas*, dices lo mismo que Dios dice acerca de tu pecado. Cuando Dios dice que es espantoso, debes estar de acuerdo con Él y sacarlo de tu vista.

Tomemos como ejemplo el maldecir. Algunos cristianos toman el hecho de maldecir como un mal hábito o se excusan en el mal humor o en un arranque de enojo. Pero observa lo que Dios piensa: *"Yo, el Señor, no tendré por inocente a quien se atreva a pronunciar mi nombre a la ligera"* (Éxodo 20:7).

Cuando ayunas por un tiempo prolongado, comienzas a ver las cosas como Dios las ve. Cuando ves cuán horrible es el pecado, no tienes que forzar un arrepentimiento. No necesitas hacer un duro esfuerzo para renunciar a un pecado que te cuesta mucho dejar. Ayunar en la presencia de Dios te da fortaleza y dices: *"Todo lo puedo en Cristo que me fortalece"* (Filipenses 4:13).

MI TIEMPO PARA ORAR

Señor, busco tu presencia en mi vida. Tú dijiste: "Me buscarán y me encontrarán, cuando me busquen de todo corazón" (Jeremías 29:13).

Señor, rindo toda mi vida a ti, incluyendo mi mente, mis actitudes y las cosas que hago. Me deshago del control de estas cosas.

Señor, lléname con tu Espíritu Santo para estudiar tu Palabra, para orar y para servirte.

Señor, llévate la ceguera y muéstrame todo pecado que bloquee tus bendiciones para mi vida.

Señor, confieso mi pecado (nómbralo) y te pido que me perdones y me limpies. Amén.

MI RESPUESTA DE HOY:

_____

_____

_____

_____

_____

Nota

1. Elmer Towns, *What's Right with the Church* [Lo que está bien con la iglesia]. Ventura, CA, Regal Books, 2009, pp. 84-86 (del original en inglés). Ver también Elmer Towns, *The Ten Greatest Revivals Ever* [Los diez avivamientos más grandes de la Historia]. Ann Arbor, MI, Servant Publications, 2000, pp. 13-14 (del original en inglés).

Para consultar las recetas sugeridas, ver las páginas 223-238

DÍA 14

No quebrantes tu ayuno

*Un valor obvio del ayuno se encuentra en el hecho de que su disciplina nos
ayuda a mantener el cuerpo en su lugar. Es un reconocimiento práctico de
la supremacía de lo espiritual. Pero además de este relajante valor, el ayuno
también tiene beneficios directos en relación con la oración. Muchas personas que lo practican por motivos correctos y para entregarse sin reservas a
la oración dan testimonio de que la mente se vuelve inusualmente más clara
y vigorosa. Hay una notable aceleración espiritual y un aumento del poder
de concentración en las cosas del Espíritu.*

J. OSWALD SANDERS

¿Qué sucede cuando cometes un desliz y comes algo que
prometiste no comer? Es una pregunta difícil. Difícil,
porque el desliz es en contra de Dios; violaste la promesa que le
hiciste a Dios. Difícil, porque el desliz también es en contra de ti,
te prometiste a ti mismo orar y ayunar.

Comencemos con un quebrantamiento involuntario del ayuno. Te preguntas cómo comer algo puede ser involuntario. ¿Acaso
comer no es una elección? No siempre.

Me iba caminando de la recepción de la Escuela de Religión
donde se ubica mi oficina. Era la apoca de *Halloween* y la recepcionista tenía un plato de "agradables" cereales dulces sobre el escritorio. Era su forma de saludar a aquellos que venían a la Escuela
de Religión de la Universidad Liberty.

Comencé a hablar con ella sobre un proyecto y, sin pensarlo, metí algunos cereales dulces en mi boca y empecé a masticarlos. Antes de tragarlos, mi boca sintió el impacto de esa escasa comida.

Definiciones

Quebrantar un ayuno es infringir los límites de tu dieta o del período que prometiste ante Dios.

Terminar un ayuno es completar el período y el compromiso del ayuno y comenzar a ingerir una dieta normal.

"¡Oh!", me golpeé la frente al darme cuenta del acto tonto que acababa de cometer.

"¡Oh!", continué quejándome, como si me hubiese cortado el dedo con un cuchillo o me lo hubiese atrapado con la puerta del auto. Pensaba en mis dedos que habían tomado más del cereal dulce, con el que había cometido la infracción.

"¡Oh!", y me preocupé cuando me di cuenta de que acababa de perder tres días de un ayuno de diez. Tres días perdidos, y tenía que comenzar de vuelta por otros diez. No podía tan solo decir "¡ups!" y continuarlo.

¿Qué haces si involuntariamente quebrantas tu ayuno de Daniel? Es una respuesta fácil. Haces lo que yo hice. En primer lugar, de forma inmediata oré y le pedí a Dios que perdonara mi "ignorante" pecado. Eso es cuando no eres consciente de lo que haces. Se supone que eres inocente porque no sabías lo que hacías. Pero trata de decirle eso a un policía que hizo que te detuvieras por conducir a una velocidad de noventa kilómetros por hora en una zona con una velocidad máxima de sesenta.

En el Antiguo Testamento había una pena severa por los pecados imprudentes (pecados intencionales) y una pena menor para los pecados por ignorancia (sin darte cuenta de que quebrabas las leyes de Dios; ver Números 15:29-31). Así que ¿qué haces si quebrantas sin darte cuenta tu ayuno de Daniel, como lo hice yo? Primero, comencé a comer de forma normal porque había quebrantado mi ayuno. Segundo, le pedí a Dios que me perdonara por un pecado por ignorancia. *"Si confesamos nuestros pecados, Dios (…), nos los perdonará"* (1 Juan 1:9). Tercero, le pedí a Dios que me guardara para no volver a hacerlo: *"¡Perdóname aquellos* [errores] *de los que no estoy consciente!"* (Salmo 19:12).

Debido a que la razón de mi ayuno no había sido cumplida, esperé un tiempo y comencé mi ayuno de diez días por segunda vez.

Me gustaría decirte que Dios respondió mi oración y nunca más quebranté mi ayuno sin darme cuenta. Pero la segunda vez fue tan "ignorante" como la primera. Era la época de San Valentín y me acerqué a la misma recepcionista otra vez, con un trabajo que ella tenía que hacer. Esta vez eran chocolates en forma de besos envueltos en papel plateado. Mientras que la primera vez "me metí" los cereales dulces en la boca sin ningún esfuerzo, esta vez tuve que desenvolver el papel plateado y todo el tiempo sin darme cuenta de lo que hacía, hasta que mastiqué el chocolate.

"¿Debería escupirlo?", me pregunté con rapidez. Pero al tomar conciencia de lo que había sucedido, me tragué el resto del chocolate. Corté mi ayuno; no lo comencé nuevamente hasta una semana después. Seguí el mismo procedimiento que antes.

El ayuno de Daniel es un ayuno parcial porque comes algo. Debería ser fácil disciplinar el consumo de comida en relación a ciertos alimentos. Pero supongamos que quebrantas tu ayuno porque te rindes ante la tentación. La Biblia lo llama un pecado imprudente y te ordena orar: *"...no permitas que tales pecados* [a sabiendas] *me dominen"* (Salmo 19:13).

Este problema tiene varias capas. Primero, quebrantaste tu voluntad. Has herido tu fuerza de voluntad al hacer aquello que prometiste no hacer. Esto impacta tu percepción propia y debilita tu autoestima. Al romper tu compromiso, puede ser que formes una imagen negativa de ti mismo. Esta es la persona que se odia a sí misma y tal vez quebranta su conciencia para autoinculparse.

Entonces, ¿cómo alivias tu autoestima y comienzas otra vez a formar tu autodisciplina? No puedes hacerlo por ti mismo. Hasta Pablo dijo: *"...no hago el bien que quiero, sino el mal que no quiero"* (Romanos 7:19). Pablo se sentía frustrado: *"No entiendo lo que me pasa"* (Romanos 7:15).

El Señor era la respuesta a las promesas rotas y a los compromisos no cumplidos de Pablo. *"¡Gracias a Dios por medio de Jesucristo nuestro Señor!"* (Romanos 7:25). Necesitas el poder de Cristo para que te ayude.

Si quebraste tu promesa, recuerda que no es tan solo entre tú y tus normas; pecaste contra Dios. *"Cuando hagas un voto a Dios, no tardes en cumplirlo"* (Eclesiastés 5:4). ¿Por qué? *"No permitas que tu boca te haga pecar"* (Eclesiastés 5:6a).

No trates de engañar a Dios al decir que no entendiste lo difícil que sería el ayuno de Daniel o que realmente no entendiste cuando hiciste la promesa: *"...ni digas luego ante el mensajero de Dios que lo hiciste sin querer* [hacer el voto]. *¿Por qué ha de enojarse Dios por lo que dices?* (Eclesiastés 5:6b).

Solo en tu momento privado con Dios vas a entender cuán serio es quebrantar un pacto que hiciste con Él. Cuando ores en privado, tus palabras harán que te ahogues. Cuando lo hagas en voz alta, el cielo se convertirá en plomo y las oraciones rebotarán hacia ti. Tu corazón te condenará y te darás cuenta de que no puedes orar por el bien espiritual por lo cual intentabas ayunar.

Pero también haces que otros decaigan. Si formaste una cadena de oración al "ponerte de acuerdo" con otras personas, ¿acaso Dios les va a responder si quebraste el círculo de acuerdo? Solo puedes determinar esa respuesta al esperar delante de Dios.

La profundidad de tu convicción va a determinar la profundidad de tu confesión. Deberías pedirle a Dios con todas tus fuerzas que restaure su presencia: *"¿Por qué escondes de mí tu rostro?"* (Salmo 88:14). No has perdido tu relación con Dios, tan solo perdiste tu comunión con Él. David oró otra vez: *"Y le digo a Dios […] ¿Por qué debo andar de luto y oprimido por el enemigo?"* (Salmo 42:9).

No te deprimas, porque *"...la sangre de su Hijo Jesucristo nos limpia de todo pecado"* (1 Juan 1:7). La palabra "todo" significa que Dios perdona los pecados profundos como el asesinato y el robo, pero también perdona cosas como las promesas quebradas.

Por lo tanto, observa que Dios trata contigo con misericordia, así como lo hizo con Pablo, que confesó sus pecados pero reconoció: *"...Dios tuvo misericordia de mí"* (1 Timoteo 1:13).

Luego comienza el ayuno de Daniel otra vez, no desde donde lo dejaste. Comienza otra vez desde el principio, sean tres, diez o veintiún días. Comienza el ayuno de Daniel con gozo, porque fuiste perdonado de tu quebranto pasado. Comienza otra vez con toda la fe que ejercitaste la primera vez.

Mi tiempo para orar

Señor, comienzo este ayuno de Daniel con toda mi integridad y lo voy a mantener hasta el final.

Señor, si quebranté sin darme cuenta el ayuno, perdóname por mi error involuntario.

Señor, si quebranté mi ayuno de Daniel imprudentemente, perdóname y fortalece mi voluntad. Voy a comenzar de nuevo para guardar el pacto original que hice contigo.

Señor, trata conmigo con misericordia y dame las fuerzas para orar y ayunar. Escucha las intercesiones de mi corazón por la meta espiritual que tengo. Amén.

Mi respuesta de hoy:

_____

_____

_____

_____

_____

_____

_____

_____

Para consultar las recetas sugeridas, ver las páginas 223-238

Perspectiva general del día 15 al día 21

Aprender sobre oraciones específicas

En la semana final de tu ayuno, vas a aprender cómo recibir la crucifixión de Jesús en tu vida de oración (día 15) entender y vas a aprender el rol del llanto cuando oras y ayunas (día 16).

Has ayunado por al menos dos semanas, así que has pasado un tiempo extra en la presencia de Dios. El día 17 te mostrará las fuerzas de las oraciones introspectivas y, lo que es más importante, cómo salir del desierto de la introspección o desánimo y orar por tu objetivo de fe. También necesitas recordar que hay tiempo para descansar en la oración (día 18).

Luego vas a leer acerca de las oraciones urgentes (día 19) y las oraciones de guerra espiritual (día 20). Debido a que Satanás es tu enemigo, mantente alerta en oración.

El último día de lectura te desafiará a mantenerte en cada momento y orar hasta el final de tu ayuno.

Lecturas diarias

Día 15: La oración de crucifixión

Día 16: Llorar mientras se ora

Día 17: Oración introspectiva

Día 18: Descansar en oración

Día 19: Oración urgente

Día 20: Oración de guerra espiritual

Día 21: Permanecer en el momento

La oración de crucifixión

Como una persona que sabe de tendencias, he estado condicionado a disfrutar lo mejor que el mundo tiene para ofrecer. Ayunar le habla descaradamente al consumismo, uno de mis valores generacionales centrales. Dejar de lado lo que quiero para poder alentar mi crecimiento espiritual personal es lo que significa negarme a mí mismo y tomar mi cruz diariamente en esta era actual.

Sospecho que sería difícil para mí tomar el desafío del discipulado y vivir un estilo de vida cristiano consistente sin practicar la disciplina del ayuno.

DOUGLAS PORTER

Durante tu ayuno de Daniel, te verás tentado a abandonarlo de diferentes maneras; la mayoría de las tentaciones serán sutiles para que ni siquiera las reconozcas como tales. Ya sea que las tentaciones sean sutiles o llamados descarados a la vulgar inmoralidad, debes enfrentarlas exitosamente y triunfar sobre ellas.

Quizá el ayuno sea algo que nunca has hecho, por eso, ten cuidado. Probablemente, Satanás no te tiente con un pecado externo abierto, pero puede tentarte a hacer menos, como abandonar tu ayuno antes de que llegues al final. Tal vez puedes ser tentado a comer tan solo un pequeño "mordisco" de aquello que prometiste dejar por Cristo. O Satanás puede tentarte a terminar tu ayuno uno o dos días antes.

Fui salvo el 25 de julio de 1950, y seis semanas después fui a la escuela bíblica. Satanás no pudo hacerme tropezar con un pecado externo, así que me llevó a los excesos, es decir, a ser un fanático. Estaba muy motivado por una prédica, en la capilla, acerca de la autocrucifixión, basada en Romanos: *"Sabemos que nuestra vieja naturaleza fue crucificada con él para que nuestro cuerpo pecaminoso perdiera su poder, de modo que ya no siguiéramos siendo esclavos del pecado"* (Romanos 6:6). El orador enfatizó "fue crucificada", lo cual nos dijo que era algo que nosotros, los estudiantes, debíamos hacer.

A continuación, el orador nos hizo un desafío de Gálatas: *"Los que son de Cristo Jesús han crucificado la naturaleza pecaminosa, con sus pasiones y deseos"* (Gálatas 5:24). Y preguntó: "¿Qué has crucificado hoy?".

"Nada", pensé. Así que decidí encontrar algo para crucificar. Decidí abandonar el ping-pong —algo que me gustaba hacer— durante una semana. Luego agregué rápidamente: "No jugaré *softball* con los muchachos". ¡Eso fue difícil, pero lo hice!

Todas las habitaciones de los hombres se calefaccionaban con una caldera central, y esa caldera se apagaba cerca de las 21, todas las noches. La habitación empezaba a enfriarse cuando comencé a orar cerca de las 22:30. Sólo usaba ropa interior para dormir, por eso empecé a temblar mientras continuaba arrodillado al lado de mi cama. Estaba tentado a saltar bajo una frazada caliente, pero razoné: "No, crucifiqué mi deseo por el calor físico".

Sentía que orar en el frío era una manera de "crucificar la carne con sus sentimientos y deseos". Continuaba diciéndome a mí mismo: "Si amas a Jesús, crucificarás la carne y seguirás orando en el frío". Después de diez o quince minutos, temblaba tanto que no podía mantener mi mente en el pedido; luchaba interiormente para no saltar a la cama. No podía orar en voz alta para enfocar mis pensamientos porque también me temblaba la mandíbula.

Finalmente, razoné: "Dios mira el corazón, no le presta atención a mi cuerpo". De un salto me introduje debajo de las frazadas, pero no para dormir. Me postré sobre la cama con las rodillas pegadas al cuerpo. Retomé la oración. Me justifiqué al decir que orar era más fácil si disfrutaba del calor de las frazadas.

Luego entró la culpa. Comencé a razonar: "Si realmente amaras a Jesús, sufrirías el frío mientras oras". Así que para "crucificar" todo impulso por sentir calor, salí de debajo de las frazadas y me arrodillé en el frío. Durante dos o tres minutos me "sentí" victorioso sobre la tentación. Sentí que crucificaba la tentación corporal por el calor. Así que oré con facilidad mientras solo tenía frío.

Luego de cinco o siete minutos, realmente sentí que me congelaba y me volvió a temblar la mandíbula. Finalmente concluí: "Esto es estúpido", así que me arrodillé otra vez bajo las frazadas y comencé a orar. Al ir calentándome, la oración fue haciéndose más fácil. Entonces, después de cinco o siete minutos, la culpa volvió otra vez, y pensé: "Si amaras a Jesús, orarías con frío". Pensé en lo que Jesús sufrió por mí en su crucifixión. Así que decidí "crucificarme" otra vez.

Te habrías reído si hubieses estado en esa habitación oscura al verme entrar y salir de la cama tantas veces. De hecho, pienso que Dios probablemente se haya reído de este ingenuo estudiante de primer año que estaba lleno de amor y de culpa, al tratar de demostrar algo entrando y saliendo de la cama.

El problema es que el orador de la capilla aplicó erróneamente la idea de la crucifixión. Jesús lo hizo todo y dijo: *"Todo se ha cumplido"* (Juan 19:30). La crucifixión de mi carne no puede añadir nada a la crucifixión de Jesús. Mi crucifixión consistía en simples obras viejas. La Biblia enseña: *"...no por obras, para que nadie se jacte"* (Efesios 2:9).

Yo no entendía que la crucifixión es algo que *recibo* de parte de Dios, no algo que yo *hago* para Dios. Creo que el orador de la capilla había aplicado la crucifixión equivocadamente, porque la versión de La Biblia en inglés *King James* lo traduce como:

"nuestro viejo hombre *es* crucificado" [N. de la T: traducción propia de la traductora por no existir un pasaje paralelo en español] (Romanos 6:6, énfasis añadido), que indica un verbo de acción en tiempo presente. Pero miremos cuidadosamente la Nueva Versión King James [N. de la T: versión paralela de la Versión Reina Valera]: "nuestro viejo hombre fue crucificado juntamente con él". El verbo "crucificar" está en pasado, en el idioma original.

Nuestra crucifixión es una acción pasada; nuestra vieja naturaleza fue crucificada cuando Cristo murió. No estamos para *hacerla*, sino para *recibirla*. Pablo lo explica de la siguiente manera: "*He sido crucificado* [tiempo pasado] *con Cristo*" (Gálatas 2:20). Cristo fue crucificado en el pasado y Pablo se identificó con la cruz al vivir después de la crucifixión.

Cuando Jesús murió, lo hizo sin reservas, por completo. No quedó nada de vida. Cuando tratamos de "crucificar" nuestra vida (como orar cuando hace mucho frío), no morimos por completo. La vieja naturaleza pecadora nos va a tentar mientras haya un resto de vida en este cuerpo. Sin embargo, cuando "crucificamos" adecuadamente nuestra vida, recibimos lo que Cristo hizo y aplicamos su muerte a nuestro pecado. Pablo dijo: "*Yo, por mi parte, mediante la ley he muerto a la ley, a fin de vivir para Dios*" (Gálatas 2:19). Eso significa que rendimos nuestra vida a Dios y recibimos la suya para triunfar sobre la tentación y el pecado.

Esta clase de vida se trata de rendirnos nosotros mismos (nuestra persona interior) a Dios en lugar de hacer algo para obtener la victoria. No se trata de que seamos victoriosos sino de que Cristo sea victorioso a través de nosotros. Algunas personas llaman a esto la "vida crucificada", mientras que otras la denominan la "vida transformada" o la "vida victoriosa". Hay quienes se refieren a ella como "la vida cambiada", es decir: "Yo estaba en Cristo cuando Él murió, y ahora me rindo a Él para tener vida".

Pablo nos dijo cómo tiene lugar esta vida cambiada: "*En cuanto a mí, jamás se me ocurra jactarme de otra cosa sino de la cruz de nuestro Señor Jesucristo, por quien el mundo ha sido crucificado para mí, y yo para el mundo"* (Gálatas 6:14). Cuando estamos "crucificados" para el mundo, tomamos todo lo que la cruz simboliza. Significa humillación, degradación y un fin al pecado. Así que cuando nos asimos de la cruz, rendimos nuestras vidas a Dios y determinamos no pecar más.

Eso no significa que perdemos nuestra naturaleza pecadora. No, aún tenemos una naturaleza pecadora que nos va a tentar a pecar (ver 1 Juan 1:8). Pero nos rendimos a Dios para obtener la victoria sobre ella. Tampoco significa que nunca vamos a volver a pecar. Vamos a pecar, porque Juan enseña que aquel que piensa que ha dejado de pecar es engañado: *"Si afirmamos que no hemos pecado, lo hacemos pasar por mentiroso* [a Dios] *y su palabra no habita en nosotros"* (1 Juan 1:10). Lo que esto significa es que cuando "crucificamos" nuestras vidas "o tomamos la cruz" también echamos mano a la victoria de Cristo que triunfó sobre el pecado en su muerte. Su muerte nos dio vida y por eso recibimos la energía de la vida de Cristo al recibir su crucifixión.

Morir al esfuerzo propio

Jesús nos desafió: *"Si alguien quiere ser mi discípulo, que se niegue a sí mismo, lleve su cruz cada día y me siga"* (Lucas 9:23). Eso no significa que llevemos una cruz enorme y pesada, como lo han hecho muchas personas. No significa que usemos un colgante en forma de cruz, ni siquiera que levantemos una cruz en el frente de nuestra casa.

Jesús describía nuestra muerte al esfuerzo propio y al deseo terrenal. Jesús continuó este pensamiento en el siguiente versículo: *"Porque el que quiera salvar su vida, la perderá; pero el que pierda su vida por mi causa, la salvará"* (Lucas 9:24). Perder la vida es hacer solo la voluntad de Cristo, no nuestra propia voluntad egoísta.

Perdemos nuestra vida al abandonar nuestros deseos terrenales para ir en búsqueda de lo que Jesús merece.

Observa el siguiente versículo, que nos dice que no ganamos nada al buscar nuestros deseos: *"¿De qué le sirve a uno ganar el mundo entero si se pierde o se destruye a sí mismo?"* (Lucas 9:25). Todo lo que el mundo tiene para ofrecer no se comparará con la vida interior que Jesús da.

De acuerdo con Jesús, el tema es que dejemos de pensar en aquello por lo que el mundo se preocupa, o en lo que el mundo tiene o lo que promete. En el siguiente versículo dice: *"Si alguien se avergüenza de mí y de mis palabras, el Hijo del hombre se avergonzará de él cuando venga en su gloria"* (Lucas 9:26).

Crucificarte no significa hacer algo "religioso" o seguir "las buenas obras" para probarte ante Dios. Te rindes por completo a Dios al permitir que Jesús obre a través de ti, al permitir que su vida sea tu energía o poder sobre el pecado.

No una muerte física, sino una muerte interna

Existe un grupo de hombres en las Filipinas que permiten que los crucifiquen cada año, el Viernes Santo. Se debe a que Jesús murió un Viernes Santo. Los turistas adinerados, los periodistas y una enorme multitud miran a ese hombre filipino tratar de identificarse con Cristo al ser clavado en una cruz. Un hombre, un productor de anuncios publicitarios de 40 años, realizó este ritual de "penitencia" veintiún veces.[1]

La autocrucifixión es uno de los fenómenos del cual más ha abusado la cristiandad. Aquellos que la practican malinterpretan la declaración de Pablo: *"Los que son de Cristo Jesús han crucificado la naturaleza pecaminosa, con sus pasiones y deseos"* (Gálatas 5:24). Como resultado, algunos monjes se han privado de comer, han orado en medio de la nieve, se han azotado (de la misma manera que lo fue Cristo), se han colocado ordinarias coronas de espinas sobre sus cabezas y se han hecho toda clase de torturas. Otros han vivido en aislamiento o hasta han dejado de hablar durante siete años o más. Aun otros se han negado a casarse o han negado cualquiera de los demás dones que Dios nos ha dado (ver Santiago 1:17).

Dios no tenía en mente ninguna de estas cosas cuando nos pidió que fuéramos crucificados con Cristo. Simplemente recibimos lo que Cristo hizo por nosotros en la crucifixión. Recibimos su muerte para el perdón de pecados; recibimos su vida para el poder de vivir sobre nuestros deseos egoístas. Su vida nos da la fortaleza para vencer la tentación.

El problema es que nos gusta lucir bien debido a que sufrimos cuando las personas nos critican, se ríen de nosotros o nos rechazan. Por eso vamos por la vida tratando de lucir bien o representando un papel. En general, interpretamos varios roles para resultar atractivos a los diferentes grupos de personas que nos rodean.

Cuando "crucificamos" nuestra vida, nos rendimos a Cristo para que lo que Él piensa de nosotros sea más importante que lo que piensan los otros. Ya no vivimos para quedar bien con los demás. Sí, somos buenos vecinos y tenemos un buen testimonio, y no queremos hacer cosas estúpidas o parecer raros. Pero abandonamos el rol hipócrita que hace que las personas piensen de nosotros algo que no somos.

Así que para crucificar tu vida, primero, agradas a Dios, segundo, a tu familia y, tercero, a los demás. Vivimos para un nuevo propósito, aquel que indicó Juan el Bautista: *"A él le toca crecer, y a mí menguar"* (Juan 3:30).

Cuando crucificamos nuestra vida, vivimos bajo un nuevo sistema de valores. Abandonamos nuestras compulsiones por poder propio, por la protección propia, por el éxito propio y por acumular "cosas". Le entregamos todo a Dios para su control y utilizamos lo que Él nos permite utilizar.

Ya no tenemos que "ganar" por razones egoístas. Aprendemos que perder todo por Dios es mucho más satisfactorio que ganar el mundo. Porque cuando perdemos para Dios, ganamos lo más importante en la vida: estar en el centro de su voluntad.

A nadie le gusta la idea de morir. Todas las personas normales luchan por mantenerse con vida. Pero ¿qué sucedería si murieras hoy? ¿Acaso la vida continuaría sin ti? ¡Sí! ¿Acaso la vida no iba bien antes de que nacieras? ¡Sí! Así que nuestra vida no es forzosamente necesaria.

Sin embargo, cuando morimos a nosotros mismos, vivimos para Dios. Cuando morimos, nos volvemos importantes para Dios y Él nos usa. Cuando morimos a nosotros mismos, nos volvemos necesarios para Él.

Crucificar nuestra vida es otra manera de tratar con nuestro orgullo. En el acto de rendirnos completamente a Dios, nos volvemos más humildes. ¿Acaso Santiago no nos dijo: *"Humíllense delante del Señor, y él los exaltará"* (Santiago 4:10)? Por eso nuestra humildad es importante para Dios si Él nos va a usar.

"Humildad" es una palabra interesante. Según el *Diccionario de la Real Academia Española,* significa: "Virtud que consiste en el conocimiento de las propias limitaciones y debilidades y en obrar de acuerdo con este conocimiento".[2] Proviene de la palabra *humus,* que significa "de la tierra". El humus es tierra orgánica rica que se forma de la descomposición parcial de la materia vegetal o animal. Miremos profundamente: el suelo rico que produce la nueva vida proviene de la muerte de otra materia. Por eso, cuando "crucificas" tu vida "o mueres" produces una experiencia de vida nueva de parte Dios.

¿Acaso nuestra vida no representa una semilla que puede ser plantada por Dios para dar vida a otros? Recuerda que Jesús dijo: *"Ciertamente les aseguro que si el grano de trigo no cae en tierra y muere, se queda solo. Pero si muere, produce mucho fruto"* (Juan 12:24). Por eso, cuando crucificamos nuestra vida, otros son prosperados y viven.

Por este motivo nuestra vida debe estar abierta a la lluvia que renueva, a la riqueza del suelo y a la energía del sol para producir nueva vida en nosotros y en otros. Pero esa nueva vida sale a la luz con *humus*, o con la muerte de uno mismo.

Tratar de volverse humilde es como tratar de dormirse. Cuanto más lo intentas, más difícil se hace. Pero cuando nos rendimos al sueño, como cuando nos rendimos a Dios, sucede lo que buscamos. No puedes orar deliberadamente por humildad, ni tampoco la puedes estimular; es un don de Dios.

El ayuno y la crucifixión propia

Te encuentras haciendo el ayuno de Daniel, que durará diez o veintiún días. No te dejes engañar, no vas a volverte más espiritual tan solo porque ayunas. Abstenerte de la comida no te dará ningún mérito ante Dios. Ayunar es una disciplina por medio de la cual controlas tu cuerpo para prestarle más atención a Él. Cuando lo haces, meditas más en Dios y oras más seguido y más profundamente. Ayunar es simplemente un medio para el fin. El resultado es que formas una relación con Dios más profunda. Es Él quien te da los resultados que buscas.

Ayunar tal vez clave otro clavo en la cruz de la crucifixión propia, pero no te hace más santo o un mejor intercesor. Y existen otros actos de crucifixión propia que son efectivos, como terminar la relación con un novio o una novia que no conoce a Cristo, rechazar un trabajo porque podría comprometer tu fe, o bien sacrificar parte del dinero que ahorrabas para darte un gusto y entregarlo a la causa de Dios. Estos son actos de crucifixión propia —cuando se realizan apropiadamente— que harán que crezcas en Cristo.

Es muy probable que la crucifixión propia venga en actos pequeños e intencionales cuando entregamos parte de nuestra vida a

Dios. Hacerlo sin comida no te dará ningún mérito, pero cuando coloques a Cristo en primer lugar para interceder por un proyecto de oración en lugar de comer, eso será honrado por Dios.

Victorias pequeñas e irreconocibles sobre el placer propio, la autopromoción o la satisfacción de tus deseos, por lo general, no serán vistas por otras personas, pero darán lugar a un mayor crecimiento espiritual en tu vida.

MI TIEMPO PARA ORAR

Señor, reconozco que tengo un "ego" grande. Por favor, enséñame a poner a Cristo en primer lugar en todo lo que hago. Enséñame la humildad.

Señor, no puedo crucificarme por medio de nada que ore o haga; recibo el beneficio de la muerte de Cristo para el perdón de mis pecados.

Señor, no puedo volverme más espiritual con tan solo pasar más tiempo en oración. Recibo la vida de Jesús que proviene de su triunfo sobre la muerte. Me rindo a Cristo y seré fuerte contra la tentación al habitar en su presencia.

Señor, renuncio a las pequeñas cosas que dificultan mi vida espiritual y a los grandes deseos que podrían destruir mi vida. Reclamo tu victoria sobre la tentación. Quiero crecer al dar pasos continuos que me lleven más cerca de ti. Amén.

MI RESPUESTA DE HOY:

_____

_____

_____

_____

_____

_____

_____

Notas

1. Ver http://www.msnbc.msn.com/id/17978154

2. *Diccionario de la Real Academia Española*, "humildad". http://buscon.rae.es/draeI/SrvltConsulta?TIPO_BUS=3&LEMA=humildad

Para consultar las recetas sugeridas, ver las páginas 223-238

DÍA 16

Llorar mientras se ora

"Ahora bien —afirma el Señor—, vuélvanse a mí de todo corazón, con ayuno, llantos y lamentos".

—JOEL 2:12

¿Alguna vez has orado con tanta intensidad que comenzaste a llorar? Quizá cuando fuiste salvo te sentías tan culpable por tus pecados que lloraste ante Dios. Ahora hablaremos sobre llorar cuando oras. ¿Acaso las lágrimas ayudarán a que tus oraciones sean contestadas?

La Biblia enseña que hay un *"...un tiempo para llorar, y un tiempo para reír"* (Eclesiastés 3:4). Entonces, ¿cuándo debemos llorar en nuestras oraciones? Y también, ¿hay un tiempo para reír cuando oramos?

Si nuestros ojos siempre están secos, probablemente signifique que nuestra alma también está seca. Porque, al igual que el sol seca la arcilla, algo podría haber endurecido nuestro corazón.

Por otro lado, cuando derramamos lágrimas delante de Dios, posiblemente signifique que Él ha tocado el centro mismo de nuestros sentimientos. Ha arrancado la costra que protegía la herida abierta que necesita sanarse. Dios probablemente puede arrancar la costra endurecida que ni siquiera nosotros podemos quitar.

Muchas personas lloran cuando llegan a Jesús por primera vez. Una mujer que era pecadora vino y se paró detrás de Jesús mientras comía en el banquete en la casa de Simón el fariseo. *"[Ella] Llorando, se arrojó a los pies de Jesús, de manera que se los bañaba en lágrimas. Luego se los secó con los cabellos; también se los besaba y se los ungía con el perfume"* (Lucas 7:38).

Simón criticó a la mujer, probablemente por sus lágrimas, y seguramente por armar una escena en su casa. Pero principalmente Simón criticó a Jesús, al pensar para sí mismo: *"Si este hombre fuera profeta, sabría quién es la que lo está tocando, y qué clase de mujer es: una pecadora"* (Lucas 7:39). Jesús conocía los pensamientos de Simón y le contó la historia acerca de la deuda cancelada, y luego defendió a la mujer al decir: *"Por esto te digo: si ella ha amado mucho, es que sus muchos pecados le han sido perdonados. Pero a quien poco se le perdona, poco ama. Entonces le dijo Jesús a ella: 'Tus pecados quedan perdonados'".* (Lucas 7:47-48).

No hay nada de malo en llorar en nuestro camino a la cruz para salvación. Pero no todas las personas derraman lágrimas al ser salvas.

En 1957, pastoreaba una iglesia al oeste de Dallas donde vivían muchas personas mexicano-estadounidenses. Habíamos orado mucho tiempo para que la madre de la familia Rodríguez fuera salva. Sus tres hijos y su esposo ya estaban convertidos. La señora Rodríguez fue tocada profundamente en nuestra reunión de Cena del Señor y levantó la mano para ser salva al final del servicio. Mientras la guiaban hacia Cristo, reía de forma incontrolable; se reía tanto que me pidieron que ayudara con la situación.

La señora Rodríguez contó que había subido los escalones en la catedral de México para recibir el perdón, pero nada sucedió. Había llorado en muchas reuniones litúrgicas, pero sus pecados no eran perdonados. Cuando comprendió que no se podía hacer nada para recibir la salvación, sino creer en Jesús, una gran carga fue quitada de su espalda. Todo lo que tenía que hacer era invitarlo a entrar en su corazón. Al escuchar sobre la gracia, comenzó a reír con el gozo de la libertad de Cristo.

¿Fuiste salvo con lágrimas o con risa? Incluso después de la salvación, llorar puede volverse parte de la oración. A veces lloramos por los pecados de nuestra vida. A veces las lágrimas son naturales debido a nuestros fracasos o nuestras desilusiones, o cuando las circunstancias se ponen en nuestra contra. Lloramos por la muerte de alguien cercano, aun cuando ya fuera el momento de su muerte.

Cuando Lázaro, el hermano de María, murió, *"Jesús lloró"* (Juan 11:35), no solo por su amigo sino también por la incredulidad de María, de Marta, de sus discípulos y de los judíos. Lloró porque lo rechazaron, nadie pensó que podría conquistar la muerte. ¿Acaso no sientes ganas de llorar cuando te rechazan?

Tal vez te encuentras orando por el proyecto del ayuno de Daniel, y si tus oraciones no son respondidas, tendrás como resultado una pérdida económica, una derrota espiritual o una desvaloración a los ojos de aquellos que sabían que ayunabas, y también una pérdida de tu pacto espiritual con Dios. Cuando sufrimos algo de esto nuestro corazón llega a quebrarse como un dique cuando el agua acumulada comienza a fluir.

A veces nuestros recuerdos nos hacen llorar. Los judíos que habían sido llevados cautivos a Babilonia recordaban los buenos tiempos en la tierra prometida y la presencia de Dios en el templo. Su pecado los llevó al castigo de Dios y los babilonios los llevaron cautivos. Se lamentaban: *"Junto a los ríos de Babilonia nos sentábamos, y llorábamos al acordarnos de Sión"* (Salmo 137:1). Sus captores les pedían que cantaran sus salmos. Ellos respondían: *"¿Cómo cantar las canciones del Señor en una tierra extraña?"* (Salmo 137:4). Hay un tiempo para dejar de lado el disfrute y llorar por los recuerdos de lo que hemos perdido.

Ciertas veces vas a llorar por las personas queridas que no son salvas. Quizá en tu ayuno hayas agregado una oración de salvación por los perdidos que son especiales para ti. Pablo lo dejó claro cuando oró por los judíos perdidos: *"Me invade una gran tristeza y me embarga un continuo dolor. Desearía yo mismo ser maldecido y separado de Cristo por el bien de mis hermanos, los de mi propia raza"*

(Romanos 9:2-3). Sus lágrimas no se debían a una pérdida personal sino a las vidas que estaban extraviadas. A veces vas a llorar por tus propios pecados, y, probablemente, cuanto más grande sea el pecado, mayor sea la cantidad de lágrimas.

El rey David cometió adulterio con Betsabé y, para cubrir su pecado, tuvo que asesinar a su esposo. ¿Existen mayores pecados que los de adulterio y asesinato? ¿Qué hace a estos pecados tan terribles? *"Sin embargo, lo que David había hecho le desagradó al Se-ñor"* (2 Samuel 11:27). Todo pecado es en contra de Dios, pero cuando nos damos cuenta de que nuestro pecado lo ha herido de forma personal, es el momento en que lloramos. *"David se puso a rogar a Dios por él; ayunaba y pasaba las noches tirado en el suelo. Los ancianos de su corte iban a verlo y le rogaban que se levantara, pero él se resistía, y aun se negaba a comer con ellos"* (2 Samuel 12:16-17).

Desde su profundo arrepentimiento, David escribió el Salmo 51, que reflejaba su pesar con lágrimas ante Dios:

> *Yo reconozco mis transgresiones; siempre tengo presente mi pecado. Contra ti he pecado, sólo contra ti, y he hecho lo que es malo ante tus ojos (...) Aparta tu rostro de mis pecados y borra toda mi maldad.*
> —Salmo 51:3-4,9

Es mucho más fácil buscar el pecado cuando tratas con él de una manera bíblica. Si has endurecido tu corazón como si no tuvieses pecado alguno, Dios finalmente lo quebrará y tratará con el pecado de manera severa. Si sabes algo sobre Dios es que Él será más duro con tu pecado de lo tú puedas serlo. Por eso trata tú mismo con este y evítate un dolor mayor.

Asimismo ten cuidado con pedir a Dios que quebrante tu corazón. Quizá lo haga, y cause más dolor que si tú trataras con el pecado de inmediato y de forma radical.

Cuando Dios quebrante tu corazón, quizá sea tan severo como cuando tú perdiste a un ser querido que pensaste nunca perder. Tal vez haya habido un tiempo en el pasado en que el dolor era tan fuerte que pensaste que no podías seguir viviendo. Si Dios tiene que quebrar tu corazón, quizá tengas que volver a sufrir ese dolor, solo que será más fuerte.

¿Cómo tratas con el pecado que conoces? Primero, reconoce la desobediencia en tu vida y llámalo como Dios lo llama: pecado. No culpes a tu naturaleza pecadora por tentarse a pecar: *"Si afirmamos que no tenemos pecado, nos engañamos a nosotros mismos y no tenemos la verdad"* (1 Juan 1:8). Tampoco digas que nunca pecaste: *"Si afirmamos que no hemos pecado, lo hacemos pasar por mentiroso y su palabra no habita en nosotros"* (1 Juan 1:10).

Segundo, confiesa tu pecado ante Dios, lo que significa que reconoces tu pecado por lo que es: *"Si confesamos nuestros pecados, Dios, que es fiel y justo, nos los perdonará y nos limpiará de toda maldad"* (1 Juan 1:9). ¿Te has dado cuenta de que Dios nos limpia *después* de que le confesamos nuestro pecado?

Tercero, ten en cuenta que Dios perdona todos los pecados, con un énfasis en *todos*. *"Pero si vivimos en la luz, así como él está en la luz, tenemos comunión unos con otros, y la sangre de su Hijo Jesucristo nos limpia de **todo** pecado"* (1 Juan 1:7, énfasis añadido).

Cuarto, debes renunciar a tu pecado y luego determinar que no lo volverás a cometer. Ora y ayuna: *"Y no nos dejes caer en tentación"* (Mateo 6:13).

Finalmente, aprende la lección de esa experiencia para poder ser más fuerte y poder vivir sobre esa tentación en particular.

MI TIEMPO PARA ORAR

Señor, muéstrame el pecado que dificulta mi vida de oración; lo confesaré y me arrepentiré.

Señor, me arrepiento y me aparto del pecado que bloquea mi comunión contigo.

Señor, tu perdón me hace sentir bien; disfruto orar en tu presencia. Amén.

Mi respuesta de hoy:

_____

_____

_____

_____

_____

_____

_____

_____

Para consultar las recetas sugeridas, ver las páginas 223-238

DÍA 17

Oración introspectiva

Aun si nosotros quisiéramos, no podríamos manipular a Dios. Oramos y ayunamos para obtener resultados, pero los resultados están en sus manos. Uno de los más grandes beneficios espirituales del ayuno es volvernos más atentos a Dios —más conscientes de nuestras propias debilidades, nuestras propias eventualidades y la autosuficiencia de Dios— y escuchar lo que Él quiere que hagamos.

El ayuno cristiano, por lo tanto, es totalmente contrario al ayuno hindú, por ejemplo. Ambos buscan resultados; sin embargo, el ayuno hindú se enfoca en la persona y trata de obtener algo del sacrificio percibido. El ayuno cristiano se enfoca en Dios.

Son resultados espirituales que glorifican a Dios: tanto en la persona que ayuna como en las otras personas por las que oramos y ayunamos.

ELMER L. TOWNS

¿Alguna vez te has sentido como vagando por el desierto sin saber qué camino tomar? El horizonte parecía distante y nada te era familiar. ¿Alguna vez te has sentido perdido y sin saber por dónde ir?

El salmista también se sintió así: *"Cuando estoy angustiado, recurro al Señor (…) pero me niego a recibir consuelo"* (Salmo 77:2). Otra vez se lamentó: *"Yo estuve a punto de caer, y poco me faltó para que resbalara"* (Salmo 73:2).

Y se quejó: *"No escondas de mí tu rostro cuando me encuentro angustiado"* (Salmo 102:2). El salmista se sentía perdido y no podía encontrar a Dios. ¿Alguna vez sentiste que el techo de tu habitación estaba hecho de hierro y que tus oraciones rebotaban contra tu rostro? Cuando te lamentabas ante Dios, ¿parecía como si Él no estuviese allí?

Cuando sucede eso, la mayoría de las personas se retiran en oración introspectiva. Ayunar puede ser un tiempo oscuro en su vida, y se sienten desesperanzadas e indefensas. Todo esto lleva a la depresión. Sienten como si no pudiesen comenzar a ayunar y orar por su proyecto de oración.

Algunas personas se quejan con Dios o se quejan de Él. En lugar de estirarse para alcanzarlo o extenderse hacia otros, se retiran hacia adentro. Se culpan a sí mismas y, como resultado, se sienten aun más desesperanzadas e indefensas.

Las oraciones de Job sean tal vez el mejor ejemplo en La Biblia de oraciones introspectivas. No hizo nada malo, ni había ningún pecado externo en su vida por el que pudiese ser juzgado por Dios. Sin embargo, la mayoría de la gente sabe que fue víctima de la violencia, de la pérdida familiar, del robo y de la bancarrota. Job experimentó increíble sufrimiento y dolor; sin embargo, fue piadoso y nadie pudo acusarlo de trasgresión. Job estaba libre de culpa.

El ganado de Job fue robado por unos asaltantes, sus ovejas y sus empleados fueron asesinados, un rayo quemó su cosecha y un huracán hizo colapsar una casa sobre sus hijos lo que produjo su muerte. En otro asalto diferente a sus posesiones, le robaron más camellos y asesinaron a otros sirvientes (ver Job 1:13-19).

El día de crisis económica que todos tememos le llegó a Job, y, sin embargo, *"se dejó caer al suelo en actitud de adoración"* (Job 1:20). En lugar de quejarse, Job ejercitó su fe en Dios: *"Desnudo salí del vientre de mi madre, y desnudo he de partir. El Señor ha dado; el Señor ha quitado. ¡Bendito sea el nombre del Señor!"* (Job 1:21).

Satanás, que había planeado y organizado la primera ola de persecución, luego atacó a Job de forma personal. Job sufrió unas llagas terriblemente dolorosas; le dolían tanto que se sentaba sobre las cenizas para secar la mucosidad y rascarse con los afilados bordes de un trozo de teja para aliviar su sufrimiento.

Ese es el día de sufrimiento físico que todos tememos. Job declaró: *"Lo que más temía, me sobrevino; lo que más me asustaba, me sucedió"* (Job 3:25). La oración introspectiva siempre está arraigada en el temor.

Cuando no podemos tratar con el temor, terminamos desesperanzados. Nos rendimos de la misma manera en que Job pareció rendirse. *"Mis días se van más veloces que una lanzadera, y sin esperanza alguna llegan a su fin. Recuerda, oh Dios, que mi vida es un suspiro; que ya no verán mis ojos la felicidad"* (Job 7:6-7). Su esposa también se rindió. No fue un apoyo para él en su sufrimiento. Le dijo a Job: *"¿Todavía mantienes firme tu integridad? ¡Maldice a Dios y muérete!"* (Job 2:9).

Tal vez haya momentos en tu vida en que te sientas abandonado por Dios. Quizá el proyecto de oración por el que ayunas te tenga desanimado. Tal vez dudes de que Dios te vaya a responder y estás a punto de rendirte.

Sin embargo, La Biblia está llena de promesas de que Dios se acercará a nosotros cuando nos arrojemos por completo a su misericordia y roguemos su presencia: *"Este pobre clamó, y el SEÑOR le oyó y lo libró de todas sus angustias"* (Salmo 34:6).

Luego el salmista prometió: *"El SEÑOR está cerca de los quebrantados de corazón, y salva a los de espíritu abatido (…) pero el SEÑOR lo librará de todas ellas* [las angustias]*"* (Salmo 34:18-19).

A veces no es el pecado lo que nos ha hecho varar en el desierto. Quizá doblamos en el lugar equivocado del camino. Tomamos la decisión incorrecta y fallamos en hacer la voluntad de Dios. No cometimos un pecado de rebelión o trasgresión deliberada. Tal vez ignoramos sus instrucciones o no buscamos su plan para nuestra vida. Quizá sea por ese motivo que el que está en cielo está en silencio.

El Señor a veces permite que nos desviemos del camino

derecho y angosto, porque necesitamos aprender una lección: *"... no se cumpla mi voluntad, sino la tuya"* (Lucas 22:42).

Quizá Dios no nos gritó para llamarnos de regreso al camino derecho y angosto porque no lo escuchábamos. Probablemente no hubiésemos obedecido si Él nos hubiera gritado. Si no prestamos atención a las señales bíblicas o al Espíritu Santo en nuestro interior, ¿habríamos considerado su grito?

A veces nos perdemos en el desierto porque no estábamos atentos. Tal vez Dios trataba de dirigir nuestra vida, pero estábamos muy ocupados en nuestra propia tarea para hacer su voluntad. Entonces Él permite que nos perdamos para que sintamos las consecuencias de una vida sin su presencia. Luego sentimos miedo y comenzamos a gritar nosotros.

Cuando tenía 5 años, mi mamá me llevó al centro de Savannah, Georgia, para hacer las compras de Navidad. Ella tenía una cartera grande de tela de tapicería de colores y me dijo que me tomara de la correa. A todo lugar que ella iba de compras, yo me aferraba a la correa mientras nos mezclábamos entre la multitud. Recuerdo que fue en la tienda Woolworth —donde todo es muy barato— que solté la cartera para observar una pistola con mango perlado que quería para Navidad.

Luego vi la cartera de tela de tapicería alejarse, así que corrí para agarrar la correa. Mientras cruzábamos la calle Broughton, una anciana afroamericana miró hacia abajo y preguntó: "¿Por qué te sujetas de mi cartera?".

Dejé salir un grito estremecedor que atrajo a un policía, quien me alzó en brazos y me sostuvo hasta que mi madre llegó.

No me perdí porque quería dejar a mi mamá. Tan solo no presté atención a lo que era necesario. ¿Ese eres tú? Y bien, si pasas tiempo ayunando en la presencia de Dios, tal vez descubras tu camino de vuelta adonde te perdiste.

Cuando Él nos habla y no lo escuchamos, ¿qué hace? Puede gritar, pero en general Dios hace lo contrario; deja de hablar. Se mantiene en silencio hasta que estemos listos para escucharlo. Al abandonarnos aparentemente por un tiempo, Dios capta nuestra atención y lo buscamos desesperadamente.

Hay algo muy grande que aprendemos al estar perdidos en el desierto: el conocimiento de nosotros mismos. Una de las mejores lecciones que podemos aprender en la vida es lo que no podemos hacer. Es un regalo aun mejor que aprender lo que podemos hacer.

Recuerda que existen solo unas pocas cosas que la mayoría de nosotros podemos hacer mejor, y luego otras pocas cosas que hacemos razonablemente bien; pero existen cientos de miles de cosas que no podemos hacer. ¡Bendito es aquel que conoce los límites de estas capacidades espirituales!

La base del conocimiento propio es aquella sobre la cual construyes el resto de tu vida. Cuando te conoces bien, puedes hacer adiciones, sustracciones y cambios. Construyes una espiritualidad bien equilibrada cuando la edificas sobre una comprensión adecuada de ti mismo.

Sin embargo, si pasas el resto de tu vida en oración introspectiva, tendrás una vida miserable y vacía. No solo te sentirás derrotado, estarás derrotado. Las tentaciones te harán tropezar con facilidad, el pecado te cegará y no verás la perfecta voluntad de Dios.

¿Cómo camina una persona ciega? No muy a sabiendas. Esa persona se pierde un montón de cosas que le gustaría ver y se tropieza con cosas que no puede ver. Termina viendo solo sus fracasos y vive en un mundo de oscuridad. ¿Te gusta vivir allí?

Cuando te ciegas a ti mismo, terminas sintiendo pena por ti y te castigas por las decisiones equivocadas de tu vida o por los errores que cometiste.

Al observar nuestra vida de forma introspectiva, decimos, como Pablo: *"De hecho, no hago el bien que quiero, sino el mal que no quiero. Y si hago lo que no quiero, ya no soy yo quien lo hace sino el pecado que habita en mí"* (Romanos 7:19-20). No deberíamos permitir que nuestra oración de introspección sea nuestra última oración.

Vas al médico cuando te duele algo. Sin embargo, lo que te causa dolor tal vez no sea la raíz del problema. El médico te examina cuidadosamente para descubrir por qué estás enfermo. Así que para mejorarte debes escucharlo y seguir sus instrucciones.

Quizá te dé un medicamento, o tengas que ser operado, o necesitas hacer ejercicio o alguna otra clase de terapia. El punto es que debemos seguir el consejo médico para mejorarnos. De la misma manera, debemos seguir el consejo del Médico espiritual para mejorarnos.

Cuando haces un viaje introspectivo a tu ser más interior, debes llevar al Médico (a Dios) contigo para que te diga lo que realmente está mal y lo que realmente debes hacer para mejorarte. Asegúrate de que cuando te mires a ti mismo de forma introspectiva, lo hagas a través de los ojos de Dios. ¿Por qué? Porque Él es verdad y te dirá la verdad.

Siempre lee La Biblia cuando ores de forma introspectiva. Luego ora como David: *"Ábreme los ojos, para que contemple las maravillas de tu ley"* (Salmo 119:18). Luego reclama esta promesa: *"La exposición de tus palabras nos da luz, y da entendimiento al sencillo"* (Salmo 119:130).

Dios nos revelará las cosas que necesitamos saber sobre nosotros mismos, y va a ocultar lo que no debemos ver. Él no te va a mostrar todas tus maldades; ninguno de nosotros podría soportarlo. Observa la frustración de Pablo cuando realmente se vio a sí mismo:

No entiendo lo que me pasa, pues no hago lo que quiero, sino lo que aborrezco. Ahora bien, si hago lo que no quiero, estoy de acuerdo en que la ley es buena; pero, en ese caso, ya no soy yo quien lo lleva a cabo sino el pecado que habita en mí.

—ROMANOS 7:15-17

La oración de introspección debería llevarnos al lugar de perdón. Cuando apartamos la vista de nuestros pecados y fracasos y miramos a Jesucristo, buscamos ser limpios.

Pero si vivimos en la luz, así como él está en la luz, tenemos comunión unos con otros, y la sangre de su Hijo Jesucristo nos limpia de todo pecado. Si afirmamos que no tenemos pecado, nos engañamos a nosotros mismos y no tenemos la verdad. Si confesamos nuestros pecados, Dios, que es fiel y justo, nos los perdonará y nos limpiará de toda maldad. Si afirmamos que no hemos pecado, lo hacemos pasar por mentiroso y su palabra no habita en nosotros.

—1 JUAN 1:7-10

Entonces, ¿qué puedes aprender sobre los versículos anteriores? Puedes aprender que cuando caminas en la luz, eres automáticamente limpio de todo pecado (ver v. 7). Dios ama perdonarte porque Él sabe que no puedes tener una vida perfecta; tienes una naturaleza pecadora (ver v. 8). Él sabe que vas a seguir cometiendo pecados (de forma inconsciente y voluntaria; ver v. 10). Te ofrece el perdón si confiesas tus pecados (ver v. 9).

El perdón es un nuevo comienzo porque Dios permite que empieces de nuevo. No puedes ignorar el pecado que descubriste en la oración de introspección. Trata con el pecado de forma honesta "en el desierto", y te sorprenderá cuán rápido puedes encontrarte fuera del desierto y de vuelta en el campo de oración.

Sin embargo, debes darle la espalda a la frustración y al fracaso. Debes aprender sobre ti mismo y buscar la voluntad de Dios. Todo lo que aprendas sobre ti mismo en el desierto será la base sobre la cual construirás tu futuro.

MI TIEMPO PARA ORAR

Señor, a veces se siente bien cuando comienzo la introspección
pero se siente muy frustrante cuando permanezco allí.

Señor, sé que en mi interior no hay cosas buenas; miro en Las
Escrituras para encontrar tu perfecta voluntad para mi vida.

Señor, confieso mi pecado de autocompasión y te pido que me
limpies y me perdones mediante la sangre de Cristo.

Señor, voy a caminar en el camino derecho y angosto para
cumplir tu voluntad para mi vida. Amén.

MI RESPUESTA DE HOY:

_____

_____

_____

_____

_____

_____

_____

_____

_____

Para consultar las recetas sugeridas, ver las páginas 223-238

DÍA 18

Descansar en oración

Ester le envió a Mardoqueo esta respuesta: "Ve y reúne a todos los judíos que están en Susa, para que ayunen por mí. Durante tres días no coman ni beban, ni de día ni de noche. Yo, por mi parte, ayunaré con mis doncellas al igual que ustedes. Cuando cumpla con esto, me presentaré ante el rey, por más que vaya en contra de la ley. ¡Y si perezco, que perezca!".

—ESTER 4:15-16

Existen diferentes maneras de orar. Hay oraciones de desesperación, oraciones de guerra, oraciones de lucha, oraciones atrevidas y oraciones de "nunca darse por vencido". Pero también hay un tiempo para *descansar en oración* en lo que llamamos oraciones de silencio. ¿Acaso no dijo David: *"Sólo en Dios halla descanso mi alma; de él viene mi esperanza"* (Salmo 62:5)?

Si te encuentras haciendo un ayuno de comida, dejas que tu cuerpo descanse. Eso significa que tu estómago descansa y el corazón no trabaja tanto para digerir la comida. No te olvides de tu alma. También necesita descanso.

Comienzas tu vida cristiana al recibir descanso del pecado. Jesús nos invitó: *"Vengan a mí todos ustedes que están cansados y agobiados, y yo les daré descanso. Carguen con mi yugo y aprendan de mí, pues yo soy apacible y humilde de corazón, y encontrarán descanso para su alma"* (Mateo 11:28-29). Luego de la salvación, debes continuar volviéndote más fuerte espiritualmente al buscar descanso esporádico.

¿Por qué el silencio?

Nos encanta el ruido. Piensa en todo el ruido constante en la vida. Cuando era joven, solo teníamos tres canales de televisión; ahora hay cientos de canales disponibles para todos. Cada vez que caminaba por un aeropuerto, buscaba un teléfono pago; ahora tengo mi teléfono celular en el bolsillo para hablar en cualquier momento y casi en cualquier lugar. Algunas personas mantienen los auriculares de sus celulares colgados de la oreja para facilitar e incrementar la conversación. Yo pensaba que estaba actualizado cuando compré un MP3 para escuchar música. Ahora los jóvenes usan Twitter y llevan iPhones y iPods. Podemos vivir en un interminable fluir de ruido.

¿Qué quiso decir Pablo: *"...procurar vivir en paz con todos"* (1 Tesalonicenses 4:11)? ¿Qué quiso decir Dios: *"...en la serenidad y la confianza está su fuerza"* (Isaías 30:15)? Hay poder en el silencio delante de Dios. No es la ausencia de palabras la que nos da fuerzas; es su presencia la que nos da poder. David escribió: *"Sólo en Dios halla descanso mi alma; de él viene mi salvación"* (Salmo 62:1). Es probable que esto no significara la salvación original del pecado, sino nuestra salvación diaria de la dominación del pecado.

No aprendemos tanto cuando hablamos como cuando escuchamos. Por eso necesitamos arrodillarnos en silencio en la presencia de Dios para aprender algunas de las mejores lecciones de la vida.

También recibimos fortaleza al estar en silencio en su presencia. Así como nuestros cansados músculos físicos necesitan descanso para recuperar fuerzas, de la misma manera nuestra alma cansada lo necesita para recuperar la determinación y el ánimo para trabajar para Dios. Tu estómago ahora descansa en este ayuno de Daniel, ¿qué sucede con el resto de tu cuerpo físico? ¿Qué sucede con tu alma?

Puedes comunicarte con Dios en silencio. Muchas personas

piensan que el silencio es una pérdida de tiempo porque nada sucede. ¿Pero acaso la comunicación sucede solo cuando hablamos? ¡No! Piensa en dos personas enamoradas; pueden sentarse por un largo rato mirándose el uno al otro a los ojos, sin emitir ningún sonido. Aun así se comunican, incluso cuando no emiten palabra alguna. El mero hecho de estar el uno con el otro comunica amor.

Pero esa clase de amor tiene que crecer en entendimiento, aceptación y relación. Allí está esa palabra otra vez: la oración es *relación*. ¿Tienes una relación con Dios que te permite sentarte en silencio en su presencia sin hablar? ¿Alguna vez has recibido la fortaleza que viene de las oraciones sin palabras?

Descansa en Dios

Dios considera el descanso tan importante que estableció uno de los siete días de la semana para descansar. Observa el cuarto mandamiento:

> *Acuérdate del sábado, para consagrarlo. Trabaja seis días, y haz en ellos todo lo que tengas que hacer, pero el día séptimo será un día de reposo para honrar al Señor tu Dios. No hagas en ese día ningún trabajo, ni tampoco tu hijo, ni tu hija, ni tu esclavo, ni tu esclava, ni tus animales, ni tampoco los extranjeros que vivan en tus ciudades.*
> —ÉXODO 20:8-10

¿Por qué Dios creó el día de descanso? Porque primero Él descansó en el día de descanso. *"Así quedaron terminados los cielos y la tierra, y todo lo que hay en ellos. Al llegar el séptimo día, Dios descansó porque había terminado la obra que había emprendido"* (Génesis 2:1-2).

¿Acaso Dios necesitaba descansar de su tarea porque estaba cansado? ¡No! Dios es omnipotente, lo que significa que es todopoderoso. Él creó todas las cosas sin ningún esfuerzo. No estaba cansado, pero de todas formas descansó. La palabra "descansó" significa que terminó o finalizó. Dios finalizó lo que quería hacer, luego se tomó un día de descanso. Él te invita a practicar lo mismo.

Debido a que finalizó y luego descansó, Dios te invita a finalizar cada semana en su presencia, en su día, reunido con su Pueblo. Deberías descansar "o finalizar" la tarea de cada semana en su presencia. No guardamos las leyes de los domingos para agradar a Dios como lo hicieron los judíos en el Antiguo Testamento. Terminamos nuestra semana normal de trabajo para hacer su tarea espiritual en el día del Señor.

Si desechas el día de descanso como un simple legalismo, te pierdes la oportunidad de descansar en el Señor. Muchas personas que se van de vacaciones no dejan de hacer actividades. Juegan al golf, nadan, hacen caminatas u otras actividades que pueden ser tan agotadoras como lo que hacen durante todo el año de trabajo. Pero la recreación es una actividad que renueva y, de la misma manera, necesitas ser renovado en tu actividad espiritual cuando descansas en Dios.

Debemos sentarnos en silencio en su presencia para practicar la presencia de Dios. Cuando aprendes de Él, puedes practicar su presencia mientras estás atascado en medio del tránsito o mientras esperas en una larga fila del cajero. ¿Qué haces mientras esperas que tu computadora se inicie? ¿Alguna vez le robaste unos pocos segundos para entrar a la presencia de Dios?

La oración sin palabras es un arte y una habilidad, y existe una diferencia entre las dos. Recuerda que "arte" es la expresión de tu naturaleza interior que proviene naturalmente del corazón. La habilidad se desarrolla mediante el entrenamiento, la práctica y la repetición. El arte es lo que eres por naturaleza; la habilidad es lo que adquieres.

Por eso *descansar en oración* viene naturalmente cuando dejas de hablar. Sin embargo, hay que desarrollar habilidad en la disciplina del silencio para que algo suceda entre tú y Dios en esos momentos. Entonces creces, te acercas a Dios y tus oraciones empiezan a ser contestadas.

Los judíos guardaban el día de descanso o Sabbat (la palabra hebrea *Shabbath* significa "descanso") como un símbolo de su pacto con Dios. Debido a que vivían en un mundo agrícola y la tarea en una granja no se termina nunca, Dios les dijo que se tomaran un día de descanso. Pero más que un descanso físico, era un día de adoración, de aprendizaje y de ejercicio espiritual.

Observa la palabra "recreación". Significa volver a nuestra determinación emocional, nuestra fortaleza o nuestro enfoque mental. Cesamos una clase de actividad —trabajo— para entrar en otra clase de actividad —juego— a fin de recrearnos. ¿Necesitas re-creación espiritual? La recibes cuando vienes a la presencia de Dios.

La vida es una canción. Durante toda la semana cantamos al son de las presiones del trabajo. Así como la música comienza y se detiene, es rápida y lenta y juega con nuestras emociones, así también nuestra semana laboral está llena de presiones, plazos de entrega, problemas de producción y la sola presión de hacer mejor las cosas. Luego el domingo entramos en comunión con los creyentes para cantar a Dios. Cantamos alabanzas a Él, cantamos nuestra adoración: *"Digno eres, Señor"* (Apocalipsis 4:11). Cantamos con gozo nuestro testimonio de salvación y su gracia para con nosotros.

No solo cantamos con otras personas, sino que también cantamos con Él. ¿Te has dado cuenta de eso? La Biblia enseña que Dios canta: *"Se deleitará en ti con gozo, te renovará con su amor, se alegrará por ti con cantos"* (Sofonías 3:17). Debido a que te regocijas en Dios y Él se regocija en ti, ¿por qué no aprendes su canción y cantas junto con Dios?

Al ayunar, aprende a descansar y a cantar con Él. Rejuvenecerá tu espíritu y renovará tu determinación.

En este capítulo, hemos hablado acerca del silencio ante Dios. Pero viene un tiempo para las palabras. Habla con Dios en intimidad, pero no hables acerca de tu proyecto; habla con Dios acerca de Él. Dile lo que disfrutas del ayuno. Medita en las grandes cosas que hizo en la salvación. Finalmente, termina agradeciéndole por las cosas que ha hecho en tu vida.

Después de haber hablado con Dios por un rato, deja de hablar y escucha su voz. Probablemente no escuches una voz audible, pero recibirás un mensaje en tu corazón. Él te dirá qué hacer. Quizá hasta te diga cómo orar o por qué deberías hacerlo. Utiliza las siguientes preguntas para hacerte pensar en Dios.

- Al leer Las Escrituras, ¿qué es lo que Dios te dice?
- Al meditar en Las Escrituras, ¿qué es lo que Él quiere que hagas?
- Al esperar en la presencia de Dios, ¿cómo quiere que ores?
- ¿Por qué deberías orar?
- ¿Qué te ha dicho Dios a través de tu éxito?
- ¿Qué te ha dicho Él a través de tus fracasos?

Mientras esperas, pídele a Dios que te revele su presencia en ti. Recuerda el ejemplo que utilizamos anteriormente: *Si adoras al Padre, Él vendrá a recibir tu adoración.* Adora al Padre porque *"así quiere el Padre que sean los que le adoren"* (Juan 4:23).

Acepta lo que aprendiste, haz lo que sabes. Muy a menudo vamos a La Palabra de Dios para analizar lo que dice y poder saber lo que significa. Pero saber nunca es suficiente. Saber nunca está mal, pero si no pones en acción La Palabra, nunca obtienes la bendición de Dios en tu vida. La Palabra escrita debe convertirse en palabra viva de Dios en tu corazón.

MI TIEMPO PARA ORAR

*Señor, perdóname cuando solo hablo yo en tu presencia; voy
a escuchar y a estar en silencio. Voy a aprender.*

*Señor, perdóname por hacer más importantes mis pedidos de oración
que descansar en tu presencia y disfrutar la intimidad contigo.*

*Señor, me voy a apartar para tener comunión contigo en tu
presencia en un determinado momento cada día.*

*Señor, dame fortaleza espiritual para orar por mi proyecto de oración y
ayúdame a continuar pidiendo hasta el final de mi ayuno. Amén.*

MI RESPUESTA DE HOY:

_____

_____

_____

_____

_____

_____

_____

Para consultar las recetas sugeridas, ver las páginas 223-238

DÍA 19

Oración urgente

Orar es alcanzar más allá de lo que se ve; ayunar es dejar ir todo lo que se ve y lo temporal. Ayunar ayuda a expresar, profundizar, confirmar la decisión de que ya estamos listos para sacrificar todo, incluso a nosotros mismos, para alcanzar lo que buscamos del Reino de Dios.

ANDREW MURRAY

Cuando oras con urgencia, probablemente significa que oras con todo tu corazón y sigues orando porque realmente necesitas una respuesta. Cuando un amigo enfrenta una cirugía de cáncer, oras porque no hay nada más que puedas hacer.

Las oraciones urgentes provienen de una necesidad creciente. La urgencia del corazón produce urgencia en la oración. Cuando sabes que una factura se vence a fin de mes y no tienes el dinero, hay una urgencia por hacer algo. Al acercarse fin de mes, sientes más y más pánico. Te preguntas: "¿Qué voy a hacer?". Oras urgente y persistentemente.

Oraciones urgentes para problemas persistentes; oraciones desesperadas para los momentos de crisis.

Hay una imagen en el Salmo 42 de un joven ciervo perseguido por los cazadores. El ciervo está absolutamente aterrorizado y corre por su vida. El temor nos motiva a gritar por ayuda y gritamos desde el fondo de nuestro corazón. El temor arranca nuestro orgullo y nuestras excusas. La respuesta del Salmo 42 es el primer paso a tu oración urgente. *"Cual ciervo jadeante en busca del agua, así te busca, oh Dios, todo mi ser"* (Salmo 42:1).

¿Qué sucede con la desesperación? Oras desesperadamente cuando existe un momento de crisis inmediato. Pedro caminaba sobre las aguas hacia Jesús. Sus ojos estaban puestos en Él. ¿No es esa la manera en que deberíamos transitar nuestra vida cristiana? *"Pero al sentir el viento fuerte, tuvo miedo y comenzó a hundirse. Entonces gritó: '¡Señor, sálvame!'"* (Mateo 14:30). Oró desesperadamente:

"¡Señor, sálvame!".

¿Qué es la oración desesperada? Es cuando no puedes preparar tu corazón y pedir perdón por cualquier pecado inconsciente en tu vida. Tampoco tienes tiempo para entrar reverentemente a la presencia de Dios. Gritas de inmediato al igual que David:

"Señor, mi Dios, ¡ayúdame!" (Salmo 109:26).

¿Qué podemos decir sobre las oraciones desesperadas? Entras en pánico o te encuentras en un hoyo sin salida alguna. No hay salida para tu problema si Dios no interviene.

Algunas veces has intentado todo, pero todas las puertas se cerraron. Trabajaste mucho para salir de un apuro, pero ahora la marea viene hacia ti y te quedas sin tiempo. Nada funcionó, así que estás desesperado.

Por otro lado, a veces la situación desesperada golpea cuando no lo esperabas. Te encuentras manejando tranquilamente cuando un camión parece salir de la nada y te choca de costado. Estás herido y tu ser querido está tirado sobre el piso, sangrando. Es una emergencia… una crisis… necesitas ayuda inmediata. Así que gritas a Dios: "¡Ahora, Señor!".

¿Acaso la urgencia describe tu actual estado de situación? Has enfrentado un proyecto de oración y has orado por una necesidad, pero nada ha sucedido todavía. Ahora te encuentras al final de tu ayuno de Daniel; estás desesperado, comenzaste el ayuno de Daniel para tocar a Dios, para que Él respondiera tus oraciones. Continúa leyendo porque aprenderás cómo orar desesperadamente.

Prepararse para orar urgente o desesperadamente

Primero, prepárate mentalmente para las emergencias. Deberías haberle pedido a Dios que te preparara para futuras emergencias, pero ahora ya estás allí. Así que aun en medio de esta situación urgente, pídele a Dios que te prepare para los futuros momentos de pruebas.

Técnicamente, no puedes prepararte para una emergencia, pero puedes pedirle a Dios que te dé la capacidad para tratar con una cuando llega. Pídele a Dios que te dé paz en medio de la emergencia, y luego pídele que te dé sabiduría para reaccionar correctamente en tiempos de crisis.

Parte de nuestra preparación es saber que la dificultad vendrá. Mi pastor dice continuamente: "Hay más días difíciles que días buenos en la vida de los santos de Dios, así como hay más valles que cimas de montañas".

Segundo, memoriza versículos que apunten a Dios en tiempos de dificultad. Cuando llegue la emergencia, no tendrás tiempo para buscar referencias de La Biblia para animarte. Pero si están escondidas en tu corazón, Dios puede traerlas a tu mente.

- Salmo 27:5: *"Porque en el día de la aflicción él me resguardará en su morada; al amparo de su tabernáculo me protegerá, y me pondrá en alto, sobre una roca".*

- Salmo 34:6: *"Este pobre clamó, y el Señor le oyó y lo libró de todas sus angustias".*

- Salmo 46:1: *"Dios es nuestro amparo y nuestra fortaleza, nuestra ayuda segura en momentos de angustia".*

- Salmo 56:3: *"Cuando siento miedo, pongo en ti mi confianza".*

- Salmo 121:1-2: *"A las montañas levanto mis ojos; ¿de dónde ha de venir mi ayuda? Mi ayuda proviene del Señor, creador del cielo y de la tierra"*.

- 2 Crónicas 14:11: *"Señor, sólo tú puedes ayudar al débil y al poderoso. ¡Ayúdanos, Señor y Dios nuestro, porque en ti confiamos, y en tu nombre hemos venido contra esta multitud! ¡Tú, Señor, eres nuestro Dios! ¡No permitas que ningún mortal se alce contra ti!"*.

Tercero, sabe cuándo moverte de una oración urgente a una oración desesperada. Oras urgentemente por un proyecto porque es una necesidad espiritual. Pero luego se acerca un plazo de entrega (el final del ayuno de Daniel sin ninguna respuesta a la vista). Tus oraciones pasan de ser urgentes a ser desesperadas. Oras diciendo: "¡Señor, hazlo ahora!".

Cuando tienes hambre te sientas a la mesa y comes de una manera civilizada. Utilizas utensilios y masticas con la boca cerrada. Pero observa a la persona que está muerta de hambre. Es aceptable que engulla y trague. Un apetito hambriento triunfa sobre el decoro y los modales educados.

Así que recuerda que hay un momento adecuado para el grito desesperado a Dios, con lágrimas y con profunda pasión.

Cuarto, salta directamente a la oración. No pienses en lo que vas a orar, tan solo ora. No consultes tus listas de oración, tampoco pienses cómo vas a armar tu pedido, tan solo ora. No te prepares para orar, tan solo ora.

Si te encontraras cortando la maleza en tu patio trasero y te mordiera una víbora en la pierna, no le preguntarías al animal cómo llegó allí, ni tampoco te cuestionarías lo que dirán las personas. Gritarías: "¡Ayuda!" y correrías para obtenerla.

Quinto, mantén tu tiempo de oración programado. Al acercarte a la emergencia, vas a gritar instantáneamente y sin reservas. Cuando llega un problema, ponlo de inmediato a los pies de Dios.

Pero no permitas que una emergencia te robe la base de tu oración continua. Al seguir tu ayuno de Daniel, no te olvides de todos los demás problemas de tu vida y de la vida de tus familiares y amigos. Sigue trayéndolos delante del Padre que está en el cielo.

Si has dejado de comer una o dos comidas por día para orar, entonces sigue así. Recuerda que en esos momentos programados de oración encuentras fortaleza. Necesitarás una fortaleza continua en tiempos de crisis, así que sé fiel en el tiempo de oración con el que te comprometiste.

Está bien que un hombre muerto de hambre eche mano de la comida que está cerca de él. De la misma manera, está bien que una persona desesperada grite en oraciones desesperadas. Pero viene un tiempo en que la persona muerta de hambre regresa a la vida normal. Entonces debe comer una dieta balanceada para mantener sus fuerzas. Debe disciplinar sus tiempos de comida y su ingesta, y comer una dieta balanceada para permanecer fuerte. De la misma manera, una vida de oración bien equilibrada te mantendrá fuerte en Cristo. La oración constante y equilibrada es la mejor base para que las oraciones desesperadas sean respondidas.

Sexto, introduce a Dios en la crisis. El rey Asa fue a la batalla con quinientos ochenta mil soldados contra los etíopes, que tenían un millón de soldados y trescientos carros. La posibilidad de la victoria era leve, y la esperanza del pueblo de Dios era oscura. Asa oró a Dios para que estuviera con él.

Allí Asá invocó al Señor su Dios y le dijo: "Señor, sólo tú puedes ayudar al débil y al poderoso. ¡Ayúdanos, Señor y Dios nuestro, porque en ti confiamos, y en tu nombre hemos venido contra esta multitud! ¡Tú, Señor, eres nuestro Dios! ¡No permitas que ningún mortal se alce contra ti!".

—2 Crónicas 14:11

Oras y ayunas por una victoria espiritual. Asegúrate de que tu meta de ayuno sea el proyecto de Dios y no el tuyo. A veces tratamos de persuadirlo para que bendiga el proyecto que hacemos para Él. Si bien hacer proyectos para Dios es bueno, hay algo mejor. Es cuando Él te asigna un proyecto. Es su proyecto. Cuando ores, asegúrate de que tú y Dios estén del mismo lado.

El énfasis no se encuentra en que le ruegues a Dios que venga a ayudarte a ganar esta batalla. No, ese es el énfasis equivocado. Ni siquiera es hacer que Él esté de tu lado; es hacer que tú estés del lado de Dios.

Cuando el proyecto de oración del ayuno de Daniel es la meta de Dios, entonces puedes orar con confianza porque Él va a completar su proyecto, a su manera y a su tiempo.

MI TIEMPO PARA ORAR

Señor, coloco este proyecto de oración a tus pies. Esto es lo que tú has puesto en mi corazón. Voy a orar y ayunar hasta el final de mi pacto.

Señor, he orado urgentemente por mi meta de oración. Ahora vengo a orar desesperadamente por una respuesta.

Señor, dame fe para creer en ti con respecto a esta meta de oración. "¡Sí creo! (...). ¡Ayúdame en mi poca fe!".

Señor, ¡necesito tu ayuda ahora! Amén.

Mi respuesta de hoy:

_____

_____

_____

_____

_____

_____

_____

_____

_____

_____

Para consultar las recetas sugeridas, ver las páginas 223-238

DÍA 20
========

Oración de guerra espiritual

Si eres lo suficientemente serio en las tareas personales y sociales como cristiano como para realizar la disciplina del ayuno, puedes esperar resistencia, interferencia y oposición. Planéalo, en la medida en que puedas hacerlo. Que no te tome desprevenido. Recuerda que intentas avanzar en tu travesía espiritual y ganar terreno en el Reino. Es necesario que le quites espacio al enemigo; y ningún gran movimiento del Espíritu Santo pasa desapercibido para él.

ELMER L. TOWNS

Me encontraba en Haití en la noche de Año Nuevo cuando celebrábamos la llegada del año 1978. Dormía en la galería trasera cerrada del misionero Bob Turnbull. Hay una tremenda cantidad de actividad demoníaca en Haití, y la noche de Año Nuevo es el mayor momento de manifestación satánica.

Me desperté a medianoche, cuando todas las campanas de la iglesia en Puerto Príncipe comenzaron a repicar, los silbatos de los botes del puerto a silbar y las bocinas de los autos a sonar. Me habían dicho que en la medianoche de Año Nuevo, el diablo se manifestaba de una manera mayor que en ninguna otra época del año. Me estremecí cuando me di cuenta de una presencia diabólica en la galería.

Al estar en guerra espiritual —debido a la presencia demoníaca— oré en voz alta en el nombre de Jesús y clamé para que su sangre me protegiera. Invoqué el poder de la cruz para que me diera seguridad. (Debido a que ni Satanás ni sus demonios pueden leer tu mente, debes orar en voz alta las cosas que quieres que ellos escuchen). Luego, en medio de la oscuridad de la noche, comencé a cantar canciones en voz alta sobre la sangre de Jesús.

¿Qué puede lavar mi pecado?
Nada sino la sangre de Jesús.
¿Qué puede hacerme sanar otra vez?
Nada sino la sangre de Jesús.

¡Oh! Precioso es el fluir
que me hace blanco como la nieve.
No conozco otra fuente,
nada sino la sangre de Jesús.[1]

Tuve gran confianza al cantar sobre la sangre de Jesucristo, y esto me enfocó en Él, fuera de todo demonio que estuviera presente. Luego comencé a preguntarme: "¿Qué otra canción hay sobre la sangre de Jesús?".

Hay una fuente sin igual
de sangre de Emanuel,
en donde lava cada cual
las manchas que hay en él.
Que se sumerge en él,
que se sumerge en él,
en donde lava cada cual
las manchas que hay en él.[2]

Canté durante un largo rato y me olvidé de dónde estaba y de mi problema inmediato. En mi mente regresé a la cruz donde Jesús murió por mí. En mi corazón adoraba al Señor. Luego comencé a cantar de nuevo:

La cruz excelsa al contemplar
do Cristo allí por mí murió.
Nada se puede comparar
a las riquezas de su amor.
Yo no me quiero, Dios, gloriar
más que en la muerte del Señor.
Lo que más pueda ambicionar
lo doy gozoso por su amor.[3]

Hay otro lugar en Las Escrituras donde podemos aprender los principios de la guerra espiritual. Moisés se paró sobre una montaña alta para ver la línea de batalla desplegarse delante de él. El pueblo de Dios era atacado por los amalecitas, una nación que peleó contra Israel durante mil años.

Esta no era una batalla entre dos tribus nómades del desierto, ni tampoco era espada contra espada o fuerza bruta contra fuerza bruta. Era Dios contra Satanás: el Reino de la luz contra el reino de las tinieblas.

Mientras Moisés mantenía los brazos levantados en intercesión a Dios, los soldados de Dios ganaban la batalla. Pero la batalla continuó durante todo el día. Cuando Moisés bajaba los brazos en señal de cansancio, Amalec prevalecía. *"Mientras Moisés mantenía los brazos en alto, la batalla se inclinaba en favor de los israelitas; pero cuando los bajaba, se inclinaba en favor de los amalecitas"* (Éxodo 17:11).

Por supuesto que levantar las manos no es una manera mágica para obtener la victoria. Es como extender las manos en la actualidad como señal de nuestro corazón levantado a Dios. Cuando el Pueblo de Dios enfrenta una batalla espiritual, puede clamar victoria al levantar las manos y el corazón hacia Él.

Al hacer el ayuno de Daniel, te verás tentado como nunca antes, probablemente porque tratas de hacer algo que jamás habías hecho. Oras y ayunas durante diez o veintiún días por un proyecto de fe.

Por eso puedes enfrentar lo siguiente: (1) la tentación de abandonar, (2) tener dificultad para mantener tu mente puesta en Dios cuando deberías orar, (3) pensar en un pecado pasado que te dio satisfacción, (4) que venga sobre tu vida un espíritu de desánimo, (5) quizá aparezca un pecado acuciante o (6) la manifestación en tu vida de otras actitudes no cristianas.

Así que la mayor parte de tu guerra espiritual no será con cosas extremadamente diabólicas como echar fuera un demonio o tratar con manifestaciones sobrenaturales del poder demoníaco, o que personas obviamente anticristianas te ataquen a ti o tu ministerio.[4]

La batalla de Israel con Amalec era un renuevo de hostilidad. Los judíos habían luchado contra los amalecitas para conseguir los derechos del agua mucho antes. Cuando Moisés guió a la multitud al oasis de Horeb, el pueblo esperaba encontrar agua. Pero el agua se había secado. Cuanto más sedientas se volvían las personas, mucho más se quejaban. Moisés oró al Señor: *"¿Qué voy a hacer con este pueblo?"* (Éxodo 17:4).

Dios le dijo a Moisés: *"… Ponte en marcha, que yo estaré esperándote junto a la roca que está en Horeb. Aséstale un golpe a la roca, y de ella brotará agua para que beba el pueblo"* (Éxodo 17:5-6).

Cuando Moisés obedeció, el agua brotó de la roca. El pueblo entendió que esa era una victoria sobrenatural: *"¿Está o no está el Señor entre nosotros?"* (Éxodo 17:7).

El agua es más preciosa que el oro para una persona sedienta. Por eso los amalecitas atacaron a Israel para obtener los derechos del agua. Hay un principio aquí: cuando obtengamos una gran victoria espiritual, ¡ten cuidado! El enemigo quizá prepare el contraataque.

Tal vez experimentaste una gran victoria al hacer que muchas personas se pusieran de acuerdo para un desafío espiritual en el ayuno de Daniel, y para orar por un proyecto de fe. Pero recuerda que reunir a un grupo para que ore y ayune es solo el comienzo. Quizá sientas una victoria personal porque mantuviste tu ayuno por casi veintiún días. ¡Ten cuidado! El malvado Amalec quizá prepare un ataque para evitar que alcances un final exitoso de tu ayuno.

Ayudas prácticas en la guerra espiritual

Recibe fuerzas de tus amigos. La batalla en Éxodo 17 no la ganó una sola persona. Se necesitó que Josué, el general, y los soldados pelearan. Se necesitó a Moisés, el intercesor, y a Aarón, su hermano y Hur, su cuñado, para que sostuvieran los brazos de Moisés. De la misma manera, recuerda que hay otras personas que interceden contigo por tu proyecto de fe. Recurre a ellas por tu necesidad especial. Comparte con ellas tu carga. Haz que oren *por* ti al igual que *contigo*: "*...nosotros somos colaboradores al servicio de Dios*" (1 Corintios 3:9).

Pelea activamente contra tus distracciones y tentaciones. Quizá no deberías cerrar los ojos mientras oras. Pero cuando los mantengas abiertos, ten cuidado de no mirar las cosas que puedan distraer tu mente. Escribe tus oraciones mientras las dices. Subraya o remarca tus pedidos de oración al orar por ellos.

Ora en voz alta para poder enfocarte en el objetivo. Al mantenerse activo para armar las frases que pronuncias, tu mente no divaga.

Cambia tu postura de oración. Así como Moisés se cansó, pues ya era viejo, tampoco tus músculos soportarán indefinidamente. Pasa de estar arrodillado a estar parado, de caminar a postrarte delante del Señor. Tener el cuerpo activo puede mantener la mente enfocada.

Conoce tu área más débil. El enemigo conoce tus debilidades y tratará de atacarte justo allí. Así que no le permitas que llegue.

Escribe cuál es tu área más débil, sé consciente de esta, ora por ella y tenla presente.

Ora contra tu enemigo. Algunas personas lo denominan "reprender a Satanás" o "reprender al enemigo". Cuando ores contra el enemigo, hazlo con prudencia, porque nuestro enemigo posee gran poder sobrenatural. Pero por otro lado, ten ánimo. Jesús dijo: *"Se me ha dado toda autoridad en el cielo y en la tierra"* (Mateo 28:18). ¿Recuerdas el ejemplo al principio de este capítulo? Oré en voz alta, clamando por el poder de la sangre de Cristo para derrotar al enemigo.

Cuando el arcángel Miguel se encontraba en guerra espiritual, como se registra en Judas 1.9, tuvo cuidado de no actuar con la confianza puesta en sí mismo o confiando en sus propias capacidades. Su respuesta al diablo fue: *"¡Que el Señor te reprenda!"*.

Estate preparado para un contraataque contra cualquier éxito que tengas en oración. Pablo nos recuerda: *"...oren sin cesar"* (1 Tesalonicenses 5:17).

Reclama la victoria que ya es tuya. Dios ha prometido: *"...el que está en ustedes es más poderoso que el que está en el mundo"* (1 Juan 4:4).

MI TIEMPO PARA ORAR

Señor, quiero ser fuerte en tus fuerzas; ayúdame en mi debilidad y mantenme alerta.

Señor, La Biblia dice: "Todo lo puedo en Cristo que me fortalece", por eso rindo mi debilidad a tu fortaleza.

Señor, gracias por cada victoria que tuve en el pasado; aprendo de ellas y sigo adelante "de victoria en victoria". Amén.

MI RESPUESTA DE HOY:

_____

_____

_____

_____

_____

_____

_____

_____

Notas

1. Robert Lowry, *Nothing but the Blood of Jesus* [Nada sino la sangre de Jesús] traducción propia de la traductora.

2. William Cowper, *Hay una fuente sin igual* (http://www.cyberhymnal.org/non/es/hafuensi.htm).

3. Isaac Watts, *La cruz excelsa al contemplar* (http://www.himnosevangelicos.com/showhymn.php?hymnid=102).

4. Elmer Towns, *Abriendo una brecha espiritual por medio del ayuno*. Miami, Fl., Editorial Unilit, 1999.

Para consultar las recetas sugeridas, ver las páginas 223-238

DÍA 21

Permanecer en el momento

Ayunar es un principio que Dios propuso para todos para que puedan disfrutarlo. No es un castigo, ¡es un privilegio! Al hacer del ayuno un estilo de vida, puedes acercarte a Dios y crecer en tu caminar espiritual como nunca antes.

El ayuno es una de las herramientas más poderosas que Dios nos ha dado para nuestra vida diaria. ¡A través del ayuno, puedes experimentar la liberación de la esclavitud del pecado... la restauración de tus relaciones... la bendición económica... el renuevo espiritual... la sanidad sobrenatural y muchas cosas más!

Otra recompensa del ayuno tiene que ver con el futuro. Dios te dio una visión, un sueño divino para tu vida. Cuando ayunas, te abres a las bendiciones y las oportunidades que Él te ha provisto para que alcances tu sueño. Al ayunar, pide la dirección y la guía de Dios. Enfoca tu fe en tu sueño y Dios te mostrará cómo hacer que tu visión se vuelva realidad. Comienza a alcanzar tu sueño ahora y haz de las recompensas del ayuno parte de tu vida.

JENTEZEN FRANKLIN
(http://www.jentezenfranklin.org/fasting/)

Los israelitas y los filisteos estaban involucrados en continuas guerras, pero los filisteos se habían impuesto controlar el paso de Micmás (ver 1 Samuel 14:1-52). Saúl era el rey, pero no había hecho nada contra el enemigo; se sentó en las afueras de Guibeá, a una distancia bastante grande (ver 1 Samuel 14:2).

Su hijo Jonatán ideó un valiente plan para derrotar al enemigo.

Decidió trepar los peñascos cerca del paso y pelear contra ellos. Su ataque fue el punto de inflexión de la batalla y finalmente le dio la victoria a Israel. Jonatán creó un osado plan de ataque.

El hijo de Saúl comenzó su estrategia al poner su confianza en Dios. Le dijo a su escudero: *"...quizá haga algo Jehová por nosotros"* (1 Samuel 14:6, RVR60). ¿Por qué entonces tantas personas piensan lo contrario? Piensan: "Quizá Dios no obre a mi favor" o "No voy a hacer nada tonto". ¿Por qué tenemos temor de colocar a Dios en aprietos?

La estrategia de Jonatán finalmente se volvió la visión de todos los soldados de Israel y ganaron una gran batalla. De la misma manera, al continuar ayunando —hasta el último día— tu fidelidad y tus oraciones pueden motivar a otras personas a ser fieles en la oración. Todos juntos pueden obtener la victoria. *"Gracias a Dios que en Cristo siempre nos lleva triunfantes"* (2 Corintios 2:14).

Tu pacto de ayuno no es solo un sueño; tu ayuno se vuelve un *posibilitador,* porque te ha motivado a la oración continua. Tú, a cambio, quieres motivar a Dios a que obre a tu favor.

Quizá hayas pensado: "Si oro por mucho tiempo y con la intensidad suficiente, Dios podría hacer algo a mi favor". Por ese motivo, aplica las palabras de Jonatán: *"...quizá haga algo Jehová por nosotros"* (1 Samuel 14:6, RVR60).

Los ojos de Jonatán no estaban puestos en su capacidad ni tampoco en el hecho de que peleaba solo. Sabía que la cantidad de personas que batallaban no era la condición para la victoria cuando dijo: *"...pues para él* [el Señor] *no es difícil salvarnos, ya sea con muchos o con pocos"* (1 Samuel 14:6). Él sabía que podía ganar en el poder de Dios, aunque fuera uno solo peleando contra tantos. De la misma manera, no es tu capacidad para orar ni tampoco tu capacidad para ayunar lo que hará que recibas las respuestas a tus oraciones. Observa la capacidad de Dios para realizar lo que le pides.

¿Puedes ver a Jonatán trepar los peñascos, pelear contra un

soldado filisteo tras otro, llegar al final del día exhausto pero victorioso? Obtener la victoria lo llevó a repetidos pasos de fe y entregó todo lo que tenía para obtenerla.

Pero ¿dónde estaba su padre, Saúl? Él era el rey. Saúl debería haber guiado al ejército en la batalla. Pero estaba sentado en las afueras de Guibeá sin hacer nada. ¿Eres tú un Jonatán o un Saúl? Si no haces nada, nada va a suceder.

A veces parece como si la victoria fuera muy grande y el enemigo demasiado enorme. Los filisteos tenían una posición ventajosa que generalmente es necesaria para atacar al enemigo. Las probabilidades estaban en contra de Jonatán; sin embargo, con Dios de su lado (o más bien, Jonatán del lado de Dios), llevó al pueblo a la victoria.

No sé cuánto tiempo él analizó la situación ni tampoco sé cuánto le llevó desarrollar un plan de batalla, pero viene un tiempo en que debes ir más allá, de la visión a la acción. Llega el momento cuando debes decir en público, ante todas las personas, que te encuentras ayunando por un proyecto de fe.

Pero mira lo que sucedió cuando Jonatán apareció en público. Su escudero se unió a su plan de treparse a los peñascos y derrotar a los filisteos. En lugar de reírse de Jonatán o negarse a ir, el escudero dijo: *"Haga usted todo lo que tenga pensado hacer, que cuenta con todo mi apoyo"* (1 Samuel 14:7).

De la misma manera hay personas en tu iglesia o amigos entre tus conocidos que quieren hacer algo para Dios. Pero tal vez esperan que tú seas el "Jonatán". Quizá aguarden por tu visión, que aparezcas delante del público con el desafío; por lo tanto, necesitas que se involucren en la oración y el ayuno por la meta de fe.

Por eso haz una declaración de fe para mover la barrera montañosa. No temas decirles a otros el motivo de tu ayuno y oración por el proyecto de fe.

Una cosa más: nunca estarás completamente preparado para orar por diez o por veintiún días. Quizá orar por diez o por veintiún días sea más de lo que jamás hayas hecho. Tal vez nunca habías tenido experiencia en ayunar. Quizá pienses que no tienes la suficiente educación, o que no eres lo suficientemente espiritual o que no eres lo suficiente en nada... Pero una persona —como Jonatán— puede guiar a muchos a la victoria para Dios. ¿Cuál fue el resultado? *"Así libró el Señor a Israel aquel día"* (1 Samuel 14:23).

No abandones tu ayuno cuando estás cerca del final. Recuerda que los que abandonan nunca ganan y no existen historias grandes acerca de las personas que abandonan. No hay nada como cruzar la línea de llegada con la confianza interior de que hiciste lo que te propusiste.

Mantente fiel a tu compromiso original y enfócate en el momento. Haz una tarea a la vez —vive el momento—, un día a la vez y siempre enfócate en la meta.

Para obtener una educación universitaria, haces una tarea a la vez, asistes a la clase del día y apruebas un examen por vez. Ser fiel a tu tarea diaria te lleva a tener un cuatrimestre exitoso. Luego dos cuatrimestres hacen un año. Mantente en el momento para cada día del segundo año y tendrás dos años exitosos en tus espaldas. Estás a mitad de camino. Continúa el proceso y completarás tus años de universidad. Pero el secreto es hacer de cada momento un éxito.

Nunca ganas una carrera con solo comenzar a ayunar desde el taco de salida. Una carrera es un paso a la vez, por eso aprende a permanecer en el momento y ser fiel hasta que alcances la meta.

Nadie escribe un libro entero de una sola vez; el escritor o escritora escribe una hoja a la vez. Nadie gana las Series Mundiales en el primer partido de la temporada; hay que ganar un partido a la vez a lo largo de todo el verano. Nadie gana el torneo de golf con una impresionante jugada, por eso deben enfocarse en la jugada actual. Deben permanecer en el momento.

La victoria es una elección, es el lanzamiento actual del béisbol la clase actual a la que debes asistir, el paso actual de la carrera.

Hoy es el día veintiuno de tu ayuno de Daniel, por ese motivo permanece en el momento. Luego, más tarde, alcanzarás la meta. La victoria es una puerta; debes abrirla y pasar por ella para entrar al círculo del victorioso.

Mi tiempo para orar

Señor, estoy casi en la meta, mantendré mis ojos puestos en la línea de llegada hasta que arribe allí.

Señor, levanta un muro de protección alrededor de mí para que ninguna emergencia ni ningún ataque del diablo pueda evitar que arribe a la línea de llegada.

Señor, aún sigo orando por el proyecto de fe por el que oro y ayuno. Danos aquello por lo que ayunamos.

Señor, te doy el crédito por permitirme terminar este ayuno. Ahora oro para que seas glorificado cuando otros escuchen acerca de este ayuno. Amén.

Mi respuesta de hoy:

_____

_____

_____

_____

_____

_____

Para consultar las recetas sugeridas, ver las páginas 223-238

SECCIÓN 3

Apéndices

Fue en 1994 que el Señor realmente comenzó a tratar conmigo acerca del ayuno de una manera fresca y poderosa, y a darme nuevas perspectivas sobre el tema. El 5 de julio de ese año, Dios me guió a comenzar un ayuno de cuarenta días por un gran avivamiento espiritual en Estados Unidos y por el cumplimiento de la Gran Comisión en todo el mundo. El día 29 de mi ayuno, mientras leía La Palabra de Dios, tuve el sentir de enviar cartas a los líderes cristianos por todo Estados Unidos y a invitarlos a Orlando, Florida, para orar y ayunar juntos por esos dos motivos. Las invitaciones pronto fueron enviadas. Yo oraba y esperaba que al menos "los trescientos de Gedeón" respondieran de manera positiva y se unieran a mí en el evento planeado para diciembre. ¡Vinieron más de seiscientos! Representaban una parte importante del liderazgo cristiano de Estados Unidos, de muchas denominaciones, iglesias y ministerios diferentes. Fueron tres días maravillosos de oración, ayuno, confesión y unidad. Muchos de los líderes daban testimonio de que había sido una de las experiencias espirituales más grandes de sus vidas. Pero antes de que Dios venga con poder de avivamiento, el Espíritu Santo llamará a millones de cristianos a arrepentirse, a orar y a ayunar en el espíritu de 2 Crónicas 7:14. Tuve el sentir de orar para que Dios llame al menos a dos millones de cristianos a orar y ayunar durante cuarenta días por el avivamiento que vendrá.

WILLIAM R. BRIGHT

Nueve clases de ayunos que se encuentran en Las Escrituras[1]

Para ilustrar mejor y revelar la importancia de las nueve razones bíblicas del ayuno, elegí nueve personajes bíblicos cuyas vidas personificaron el tema literal o figurativo de cada uno de los nueve aspectos del ayuno destacados en Isaías 58:6-8. Cada ayuno tiene un nombre diferente, logra distintos propósitos y sigue un orden diferente.

No quiero sugerir que los nueve ayunos sean la única clase de ayuno disponible para el creyente o que estén totalmente separados uno de otro. Tampoco quiero indicar que exista solo una clase de ayuno para un problema en particular. Estos ayunos sugeridos son modelos para utilizar y adaptar a tus necesidades y deseos particulares al buscar acercarte a Dios. Lo que sigue a continuación es una breve perspectiva general de los nueve ayunos que se encuentran en *Abriendo una brecha espiritual por medio del ayuno*.

I. El ayuno del discípulo

Propósito: *"romper las cadenas de injusticia"* (Isaías 58:6); liberarnos y liberar a otros de las adicciones al pecado.

Versículo clave: *"Pero este género no sale sino con oración y ayuno"* (Mateo 17:21, RVR60).

Trasfondo: Jesús echó fuera un demonio de un muchacho a quien los discípulos no pudieron ayudar. Aparentemente no habían tomado en serio la manera en que Satanás tenía puestas sus garras en el joven. Esto implica que los discípulos de Jesús podrían haber realizado esta liberación si hubiesen estado dispuestos a pasar por la disciplina del ayuno. Los discípulos modernos también a menudo consideran poca cosa los "pecados acuciantes" que podrían echarse fuera si fuéramos lo suficientemente serios para tomar parte en la práctica sacrificada del ayuno; de aquí el nombre "Ayuno del discípulo".

2. El ayuno de Esdras

Propósito: *"desatar las correas del yugo"* (Isaías 58:6); resolver problemas, pedir la ayuda del Espíritu Santo para levantar cargas y superar barreras que no nos permiten a nosotros ni a nuestros seres queridos caminar gozosamente con el Señor.

Versículo clave: *"Así que ayunamos y oramos a nuestro Dios pidiéndole su protección, y él nos escuchó"* (Esdras 8:23).

Trasfondo: Esdras, el sacerdote, tenía la carga de regresar a Jerusalén para restaurar la ley de Moisés entre los judíos, mientras reconstruían allí la ciudad santa con el permiso de Artajerjes, rey de Persia, donde el pueblo de Dios había estado cautivo. A pesar de este permiso, los enemigos de Israel se les opusieron. Bajo el peso de la vergüenza de tener que pedirle al rey de Persia un ejército que los protegiera, Esdras oró y ayunó por protección.

3. El ayuno de Samuel

Propósito: *"poner en libertad a los oprimidos* [físicos y espirituales]*"* (Isaías 58:6); para avivamiento y para ganar las almas; para identificarse con las personas de todas partes esclavizadas de forma literal o por el pecado; y para pedir ser usado por Dios para sacar a las personas del reino de la oscuridad y llevarlas a la maravillosa luz de Dios.

Versículo clave: *"Cuando los israelitas se reunieron en Mizpa, sacaron agua y la derramaron ante el SEÑOR. También ayunaron durante el día, y públicamente confesaron: '"Hemos pecado contra el SEÑOR"'* (1 Samuel 7:6).

Trasfondo: Samuel guió al pueblo de Dios en un ayuno para celebrar el regreso del arca del pacto de su cautividad en manos de los filisteos, y para orar para que el pueblo de Israel fuera liberado del pecado que había permitido que el arca hubiese sido capturada.

4. El ayuno de Elías

Propósito: "romper toda atadura" (Isaías 58:6); conquistar los problemas mentales y emocionales o los hábitos que controlan nuestra vida.

Versículo clave: *"y caminó todo un día por el desierto* (...). *Elías se levantó, y comió y bebió. Una vez fortalecido por aquella comida, viajó cuarenta días y cuarenta noches"* (1 Reyes 19:4,8).

Trasfondo: aunque Las Escrituras no lo denominan "ayuno" formal, Eliseo dejó de comer y beber de forma deliberada cuando escapó de la amenaza de muerte de la reina Jezabel. Luego de esta abstinencia autoimpuesta, Dios envió un ángel para que ministrara a Eliseo.

5. El ayuno de la viuda

Propósito: *"compartir tu pan con el hambriento"* y ocuparse de los pobres (Isaías 58:7); satisfacer las necesidades humanitarias de otros.

Versículo clave: *"Y tal como la palabra del Señor lo había anunciado por medio de Elías, no se agotó la harina de la tinaja ni se acabó el aceite del jarro"* (1 Reyes 17:16).

Trasfondo: Dios envió al profeta Elías a una viuda pobre y hambrienta, irónicamente para que, la viuda le proveyera alimento. Así como la presencia de Elías dio como resultado la comida para la viuda de Sarepta, de la misma manera, presentar nuestra vida delante de Dios en oración y ayuno puede proveer para las necesidades humanitarias de la actualidad.

6. El ayuno de San Pablo

Propósito: *"tu luz* [de Dios] *despuntará como la aurora"* (Isaías 58:8); tener una perspectiva y una comprensión más clara al tomar decisiones cruciales.

Versículo clave: *"Estuvo* [Saulo o Pablo] *ciego tres días, sin comer ni beber nada"* (Hechos 9:9).

Trasfondo: Saulo de Tarso, que fue conocido como Pablo

luego de su conversión a Cristo, fue cegado por Dios mientras perseguía a los cristianos. No solo estaba sin visión física, sino que tampoco tenía idea de la dirección que su vida iba a tomar. Luego de no comer y de orar durante tres días, Ananías, un cristiano, visitó a Pablo y tanto su vista como su visión del futuro fueron restauradas.

7. El ayuno de Daniel

Propósito: *"tu salvación se dejará ver pronto"* (Isaías 58:8, RVR60); para tener una vida más sana o para sanidad.

Versículo clave: *"Pero Daniel se propuso no contaminarse con la comida y el vino del rey, así que le pidió al jefe de oficiales que no lo obligara a contaminarse"* (Daniel 1:8).

Trasfondo: Daniel y sus tres amigos hebreos cautivos demostraron en la cautividad babilónica que al abstenerse de la comida pagana y comer alimentos saludables podían estar más sanos que otras personas en la corte del rey.

8. El ayuno de Juan el Bautista

Propósito: *"tu justicia te abrirá el camino"* (Isaías 58:8); que nuestro testimonio e influencia de Jesús sea aumentada delante de otros.

Versículo clave: *"porque él será un gran hombre delante del Señor. Jamás tomará vino ni licor"* (Lucas 1:15).

Trasfondo: Juan el Bautista, el precursor de Jesús, guardó el voto nazareo que exigía que "ayunara de" o evitara el vino y las bebidas fuertes. Su ayuno era parte del estilo de vida adoptado por él y daba testimonio a otros de que estaba apartado para una misión especial.

9. El ayuno de Ester

Propósito: que *"la gloria del SEÑOR"* nos proteja del diablo (ver Isaías 58:8).

Versículo clave: *"ayunen por mí (…). Yo, por mi parte, ayunaré con mis doncellas (…). Cuando cumpla con esto, me presentaré ante el rey"'* (…). [Y] *ella obtuvo gracia ante sus ojos"* (Ester 4:16, NVI; 5:2, RVR60).

Trasfondo: La reina Ester, una judía en una corte pagana, arriesgó su vida para salvar a su pueblo de la amenazante destrucción de Amán, el primer ministro. Antes de presentarse en la corte del rey Jerjes para pedirle que salvara a los judíos, Ester, sus doncellas y su primo Mardoqueo ayunaron para pedir a Dios su protección.

Nota
1. Elmer Towns, *Abriendo una brecha espiritual por medio del ayuno.* Miami, Fl., Editorial Unilit, 1999.

Seis maneras de ayunar

Hay nueve ayunos bíblicos que se describen en *Abriendo una brecha espiritual por medio del ayuno*. Nueve estudios de La Biblia expresan las diversas maneras en que se hacía un ayuno en Las Escrituras y los diferentes propósitos por los que las personas ayunaban. Sin embargo, probablemente haya tanta cantidad de ayunos en los tiempos modernos como maneras de orar; obviamente, no existe un número determinado en cada caso. Las siguientes seis maneras de ayunar son buenas pautas para que puedas seguir o adaptar la dirección de Dios.

1. El *ayuno normal* o *ayuno de jugo* es estar sin comer por un determinado período de tiempo durante el cual solo ingieres líquidos (agua y/o jugo). La duración puede variar entre un día, tres días, una semana, un mes o cuarenta días. Se debe tener extremo cuidado con ayunos más largos, que solo deberían realizarse bajo cuidado médico.

2. El *ayuno absoluto* no permite ingerir ni comida ni líquidos y debe ser corto. Moisés ayunó durante cuarenta días, pero esto mataría a cualquier persona sin una intervención sobrenatural, y en la actualidad no debería intentar hacerse nunca. Nadie debe tratar de hacer un ayuno absoluto por más de tres días. Una persona se muere si pasa más de siete días sin agua. El cuerpo promedio tiene entre un 55% y un 80% de agua, y debe reponerse regularmente. Asegúrate de probar al espíritu que intenta hablarte sobre un ayuno de cuarenta días que no incluye líquidos.

3. *El ayuno de Daniel,* también llamado el *ayuno parcial,* omite ciertas comidas en un programa de alimentación limitada. Puede consistir en omitir una comida por día. Comer solo vegetales frescos durante varios días también es un ayuno parcial. Elías realizó ayunos parciales al menos dos veces. Juan el Bautista y Daniel con sus tres amigos son otros ejemplos de personas que realizaron ayunos parciales. Las personas que padecen hipoglucemia u otras enfermedades pueden considerar hacer esta clase de ayuno.

4. Un *ayuno rotativo,* también llamado *el ayuno de la Clínica Mayo,* consiste en comer u omitir ciertas familias de comidas durante ciertos períodos. Por ejemplo, una persona realiza un ayuno absoluto por un día para limpiar su cuerpo. Luego, durante la siguiente semana, solo se alimenta con un grupo de comidas. Las diversas familias de comidas se rotan para determinar qué enfermedad puede atribuirse a ciertas familias de comidas.

5. *El ayuno de Juan Wesley* fue realizado por Wesley, el fundador del metodismo, antes de la Conferencia Metodista donde los ministros se reunieron para retirarse, prepararse y recibir avivamiento para el ministerio. Wesley y los demás líderes ayunaron durante los diez días anteriores a la conferencia con solo pan y agua para prepararse espiritualmente para enseñar a los pastores.

6. *El ayuno sobrenatural.* Moisés ayunó durante cuarenta días: *"Y Moisés se quedó en el monte, con el Señor, cuarenta días y cuarenta noches, sin comer ni beber nada"* (Éxodo 34:28); aparentemente, Moisés pasó dos ayunos de cuarenta días en la montaña orando y recibiendo los mandamientos de parte de Dios. Los dos ayunos estaban separados por

unos pocos días durante los cuales el pueblo hizo el becerro de oro, es decir, un falso dios (ver Deuteronomio 9:9,18,25). Dios hizo un milagro sobrenatural por Moisés en esta clase de ayuno en que una persona normalmente muere cuando deja de beber agua por más de siete días. Nadie debería intentar hacer un ayuno de cuarenta días sin beber agua.[1]

Nota

1. Elmer Towns, *Abriendo una brecha espiritual por medio del ayuno*. Miami, Fl., Editorial Unilit. 1999.

Recetas para utilizar durante el ayuno de Daniel

John P. Perkins
Chef ejecutivo y director de desarrollo de la fundación
John M. y Vera Mae Perkins

Cuando estás enfocado en tu ayuno de Daniel y te propones en tu corazón dejar de comer carne como tu sacrificio, vas a necesitar asegurarte de recibir la suficiente cantidad de proteínas. Solo necesitas 15% de proteínas en tu dieta, y existen unas pocas maneras de que puedas recibirlas. Una de las maneras es consumir legumbres, y por esta razón comer arvejas o porotos será importante durante tu ayuno. En la siguiente sección, proporciono algunas recetas que puedes utilizar para consumir la cantidad necesaria de legumbres durante tu ayuno.

Hoppin' John (frijoles de ojo negro)
450 g de frijoles de ojo negro secos, remojados o congelados
1 cebolla grande, cortada en cubitos
1 tomate pequeño, cortado en cubitos
2 litros de caldo de vegetales
225 g o 1 taza de quingombó cortado, fresco o congelado
Sal y pimienta a gusto

Poner a hervir 2 litros de caldo de vegetales junto con los frijoles y la cebolla. Dejar que hierva a fuego lento durante 1 hora y

15 minutos. Agregar el tomate luego de que los frijoles se hayan cocinado durante 45 minutos. Condimentar con sal y pimienta a gusto, agregar ½ taza de quingombó y cocinar durante otros 15 minutos. Servir con 1 ¼ taza de arroz blanco (hervir el arroz blanco a fuego lento en 4 tazas de agua de 18 a 20 minutos, o cocinar arroz hervido de 10 a 12 minutos).

Frijoles (o porotos) rojos clásicos y arroz

450 g de frijoles o porotos rojos secos
1 cebolla grande, cortada en cubitos
2 pimientos, cortados en cubitos
1 cucharada grande de ajo picado
½ rama de apio, cortado en cubitos
¼ taza de salsa inglesa o Worcestershire
¼ taza de azúcar morena
2 litros de agua o caldo de vegetales
Sal y pimienta o condimentos a gusto

Colocar los ingredientes a hervir a fuego lento durante 1 hora y 20 minutos. Agregar sal y pimienta o condimentos a gusto y dejar hervir a fuego lento durante otros 15 minutos. Servir con 1 ¼ taza de arroz blanco (hervir el arroz blanco a fuego lento en 4 tazas de agua de 18 a 20 minutos, o cocinar arroz hervido durante 10 a 12 minutos).

Sopa de frijoles (o porotos) negros

450 g de frijoles negros, secos o remojados
1 cebolla pequeña, cortada en cubitos
2 pimientos, cortados en cubitos

2 cucharadas grandes de ajo picado
½ rama de apio, cortado en cubitos
1 tomate, cortado en cubitos
1 cucharada grande de aceite de oliva
1 cucharada grande de condimento italiano
½ cucharada grande de comino
2 litros de agua o caldo de verdura
Sal y pimienta o condimentos a gusto

Saltear la cebolla, los pimientos, el ajo, el apio y el tomate en un poco de aceite de oliva hasta blanquear. Agregar la mezcla de frijoles negros, agua o caldo de vegetales, condimento italiano y el comino. Hervir y luego dejar que los frijoles hiervan a fuego lento durante 1 hora y 20 minutos. Agregar sal y pimienta o condimentos a gusto y dejar hervir durante otros 15 minutos.

━━━━

Granola hecha en casa
70 g de semillas de sésamo
70 g de almendras o nueces cortadas
300 g de avena
110 g de castañas de cajú
110 g de miel
85 g de arándanos secos o pasas de uva

Tostar las semillas de sésamo en una sartén hasta que se doren. Colocar en un recipiente por separado. En la misma sartén, tostar las almendras o las nueces hasta que apenas se doren. Agregar las semillas de sésamo y continuar tostando hasta que las nueces estén bien tostadas. Agregar la avena y las castañas de cajú a la sartén y continuar tostando, revolviendo hasta que apenas se dore. Agregar a la sartén las semillas de sésamo y la miel. Calentar y revolver hasta que todos los ingredientes queden cubiertos de miel. Sacar la sartén del calor y agregar los arándanos o pasas de uva. Desparramar la mezcla sobre una asadera con un trozo de papel manteca en el fondo. Cocinar en el horno a 180° hasta que cambie de color (aproximadamente 15 minutos). Dejar que la granola se enfríe y luego cortar en trozos. Almacenar en un lugar seco. (Nota: a diferencia de muchos otros cereales, la avena conserva la mayoría de sus elementos nutricionales luego del proceso de pelado. Si comes esta receta con moderación, será un entremés considerablemente agradable, pero es alto en grasas; por ese motivo, cuida la ingesta).

Parfait de frutas frescas con miel y yogur de vainilla
1 litro de yogur de vainilla bajo en calorías
110 g de miel
220 g de banana, cortada
170 g de frutillas
140 g de manzanas, cocidas
220 g de granola
1 ramito de menta (si se desea)

Esta receta es un gran complemento para la receta de granola anterior, y cuando se acompaña con fruta, no hay nada mejor que eso. Comenzar mezclando la miel con el yogur de vainilla. Colocar la fruta en un recipiente por separado y mezclar; mantener refrigerado hasta que se utilice. Colocar una pequeña capa de granola en un plato para presentar, en una copa de vino o en una copa para parfait. Colocar una pequeña capa de yogur sobre la granola y luego añadir una pequeña capa de frutas (bananas, frutillas y manzanas cocidas) sobre el yogur. Continuar haciendo de esta manera hasta llenar el plato. Decorar con granola y agregar un ramito de menta, si se desea.

Fajitas con vegetales de Daniel
2 cucharadas grandes de aceite de oliva
1 cucharada grande de ajo
140 g de cebollas coloradas
340 g de pimiento rojo
340 g de pimiento amarillo
340 g de pimiento verde
220 g de repollo cortado en tiras
340 g de frijoles cocidos
140 g de salsa de chile
18 tortillas

Calentar el aceite de oliva en una sartén grande. Agregar las cebollas y el ajo. Rehogar las cebollas hasta que blanqueen. Agregar los pimientos y el repollo y saltear hasta que esté tierno (agregar una cucharadita de agua, si es necesario, para saltear el repollo; el repollo se cocina al vapor). Agregar los frijoles y la salsa de chile y calentar hasta que entibie. Cubrir las tortillas con una toalla apenas húmeda en un horno tibio a 100°. Envolver la mezcla de vegetales en las tortillas tibias. (Nota: a menudo elijo esta receta porque es saludable y aquellas personas a las que les gusta la cocina mexicana la disfrutarán. Los pimientos son una gran fuente de vitamina A, B y C y contienen ácido fólico, que las madres necesitan especialmente durante el embarazo).

Vegetales asados
340 g de zapallo amarillo, cortado a cerca de 1,5 cm de espesor
280 g de zucchini, cortado a 1,5 cm de espesor
170 g de cebollas blancas o coloradas, cortadas de 1,5 cm de espesor
170 g de pimientos verde, cortados a 1,5 cm de espesor

170 g de pimientos rojos, cortados a 1,5 cm de espesor
170 g de champiñones medianos, cortados en mitades
140 g de vinagre balsámico

Para esta receta necesitarás tomar una parrilla. Asar es una de mis cosas favoritas como chef, y los vegetales saben muy sabrosos cuando son asados. Para esta receta, primero, mezclar todos los vegetales en vinagre balsámico (como una marinada) cerca de 30 minutos. Luego asar los vegetales sobre una parrilla a gas o sobre una plancha durante 2 minutos de cada lado (hasta que estén blandos). También puedes agregar berenjenas, tomates u otros vegetales.

Mezcla *succotash* de arroz
1 cucharada grande de aceite de oliva extravirgen
170 g de granos de maíz
140 g de champiñones medianos, cortados
2 tomates, cortados en cubitos
110 g de porotos blancos
110 a 170 g de arroz blanco (cocido)
60 cm^3 de caldo de vegetales
40 g de cebolla de verdeo, cortadas finas

Calentar el aceite de oliva en una sartén. Agregar el maíz y los champiñones y saltear hasta tiernizar. Agregar los tomates, los porotos blancos, el arroz, el caldo de vegetales, la cebolla de verdeo, sal y pimienta a gusto. Mezclar los ingredientes y calentar bien. (Nota: cocinar con maíz, champiñones, tomates, porotos blancos y arroz blanco es una gran combinación. Esta es una clase de plato que se hace con las sobras que restan del choclo o del arroz utilizado en preparaciones anteriores y se hace así una mezcla *succotash*. ¡Toda madre en el mundo necesita esta receta!).

Maíz asado con frijoles de ojo negro
1 cucharada grande de aceite de oliva
40 g de cebollas coloradas, cortadas en cubitos
2 dientes de ajo, picados
450 g de maíz asado
170 g de frijoles de ojo negro, secos y cocidos
1 tomate, cortado en cubitos
1 cucharada grande de jugo de limón
Sal y pimienta a gusto
2 cucharadas grandes de perejil picado
1 cucharada grande de cilantro picado

Calentar el aceite de oliva en una olla grande. Agregar las cebollas y el ajo, y saltear hasta blanquear. Agregar el maíz, los porotos, el tomate, el jugo de limón y sal y pimienta a gusto. Mezclar sobre fuego fuerte hasta que la mezcla esté caliente. Sacar del fuego y agregarle el cilantro y el perejil. (Nota: este plato es versátil y es una gran guarnición, pero también puede ser muy "llenador" como plato principal).

Plato de arroz con cebada
140 g de cebollas, cortadas en cubos
1 cucharada grande de ajo, picado
1 litro de caldo de vegetales
310 g de cebada
2 hojas de laurel

1 cucharada grande de condimento italiano

En una cacerola, rehogar las cebollas y el ajo en 60 cm^3 de caldo de vegetales hasta que las cebollas se blanqueen. Agregar la cebada, las hojas de laurel, el condimento italiano y el resto de caldo de vegetales. Poner a hervir y tapar. Cocinar en horno a 170° durante 45 minutos o sobre la hornalla de 12 a 15 minutos hasta que el arroz haya absorbido todo el líquido y la cebada esté tierna. Revolver justo antes de servir. (Nota: se puede hacer de este plato un plato de arroz con cebada y nueces si se agrega 50 g de nueces cortadas y tostadas al arroz, antes de que la cebada se cocine. Luego de que la cebada se haya cocinado, agregar otros 50 g de nueces cortadas).

═══════

Plato de arroz básico
170 g de cebollas blancas, cortadas en cubos
110 g de apio
2 cucharadas de margarina
450 g de arroz blanco
800 cm^3 de caldo de verdura o agua
170 g de brócoli
220 g de zanahorias *baby*
Sal y pimienta, a gusto

Rehogar las cebollas, el apio y 1 cucharada grande de margarina hasta blanquear. Agregar el arroz y saltear con las cebollas y el apio. Agregar el caldo de vegetales o el agua a la mezcla de arroz. Cocinar el arroz en el horno a 170° durante 40 minutos o sobre la hornalla hasta que el arroz esté tierno pero sin terminar de cocinar (de 12 a 15 minutos). Agregar el brócoli y las zanahorias y continuar calentando hasta que el arroz y los vegetales estén bien cocidos. Agregar 1 cucharada grande de margarina, sal y pimienta a gusto. (Nota: esta es mi variación sureña del clásico plato de arroz francés con cebada junto con la receta del plato de arroz básico que presenté antes. Ambos son platos extraordinarios y merecen ser parte de tu repertorio).

Cebada frita

110 g de pimiento verde, cortado en cubos
55 g de cebollas o chalotes, cortados en cubos
55 g de zanahorias, cortadas en cubos
55 g de apio, cortado en cubos
2 ½ cucharadas grandes de aceite de oliva
450 g de cebada
½ cucharada de tomillo seco o 2 cucharadas grandes de tomillo fresco.

En una cacerola, rehogar los pimientos, las cebollas, las zanahorias y el apio en aceite de oliva hasta tiernizar. Agregar la cebada y el tomillo y saltear hasta que esté bien caliente. (Nota: esta es mi clase de receta favorita para este ayuno en particular. Es una mezcla de la receta del plato de arroz con cebada anterior. Esta es la clase de recetas que te permiten utilizar las sobras, mantener un costo bajo en las comidas y ahorrar dinero. Hacer dieta es caro y debemos ser buenos administradores de nuestros recursos).

Papas asadas con apio

500 g de papas color rojizo
500 g de apio

1 cucharada grande de mostaza de Dijón
½ cucharada de condimento griego
1 ½ cucharada de aceite de oliva

Pelar y rallar las papas y el apio. Mezclar las papas y el apio rallados con la mostaza y el condimento. Armar la mezcla en 20 tartas de 40 g o 10 tartas de 80 g. Calentar suficiente aceite para cubrir ligeramente una sartén antiadherente. Saltear las tartas hasta que doren de cada lado. Terminar de cocinar las tartas en el horno a 240° hasta que estén bien calientes (aproximadamente 5 minutos).

Waffles de cuatro granos de Daniel
1 litro de crema
3 huevos
60 cm^3 de aceite vegetal
220 g de harina común
170 g de harina integral de trigo
170 g de avena arrollada
85 g de harina de maíz
2 cucharadas grandes de polvo para hornear
50 g de azúcar
9 claras de huevo

Mezclar la crema, los huevos y el aceite vegetal en un recipiente grande. Mezclar todos los ingredientes secos (las harinas, la avena arrollada, la harina de maíz, el polvo para hornear y el azúcar) en un recipiente separado. Agregar los ingredientes secos a los ingredientes líquidos y mezclar hasta incorporar. Batir las claras de huevo a punto nieve e incorporar a la masa. Rociar una plancha para waffles caliente con aceite vegetal. Colocar la masa en la plancha y cocinar hasta dorar (aproximadamente 3 minutos). Servir de inmediato. (Nota: cubierto con ensalada de fruta es un maravilloso gusto para darse en el ayuno).

═══════════

Cebada y granos de trigo con arroz
85 g de granos de trigo
430 cm³ de caldo de vegetales
2 cucharadas grandes de margarina
30 g de puerro, cortado en cubos
60 g de zanahorias
15 g de apio, cortado en cubos
2 cucharadas grandes de chalotes picados o cebollas moradas
2 cucharadas grandes de ajo picado
170 g de cebada perlada
140 cm³ de jugo de uvas blancas
Sal y pimienta a gusto
170 g de espinaca picada

Poner en remojo los granos de trigo entre 8 y 10 horas en 3 veces su volumen de agua. Escurrir los granos y mezclar con el caldo de vegetales. Cubrir y hervir a fuego lento hasta tiernizar (aproximadamente 1 hora). Escurrir el exceso de caldo y reservar. Calentar la margarina en una cacerola mediana. Rehogar hasta que los vegetales estén tiernos. Agregar la cebada perlada, el jugo de uva, sal y pimienta y el líquido de la cocción de los granos de trigo. Poner el líquido a hervir y cubrir bien la cacerola. Cocinar en horno a 160° o sobre la hornalla hasta que los granos de trigo estén tiernos y hayan absorbido todo el líquido (aproximadamente 45 minutos). Cocinar la espinaca en agua levemente salada hasta tiernizar. Escurrir bien. Mezclar los granos de trigo, la cebada y la espinaca y servir.

Tarta de vegetales
450 g de mezcla de vegetales congelados
170 g de granos de maíz
170 g de brócoli
380 cm^3 de sopa crema de apio
2 tapas de tarta (una tartera alta)

Esta receta tiene el potencial de convertirse en la favorita de la familia. Mezclar los vegetales, el maíz, el brócoli y la sopa crema de apio en un recipiente.

Colocar la masa de tarta en una tartera alta. Volcar sobre la masa la preparación anterior. Colocar la otra masa de tarta por encima del relleno y unir las dos masas con un reborde. Hacer pequeños cortes en la tapa de masa para que los vegetales respiren y se cocinen al vapor y la masa se cocine adecuadamente. Colocar en horno a 185° durante 50 minutos. Servir con salsa de frijoles.

———

Arroz vegetariano
85 g de frijoles moteados secos
55 g de cebollas, cortadas en cubos
2 dientes de ajo, picados
400 cm^3 de caldo de vegetales
200 g de arroz de grano largo
1 cucharada grande de extracto de tomate
1 cucharada grande de vinagre
2 cucharadas grandes de chile jalapeño asado y picado
1 cucharada grande de granos de pimienta negra molidos
1 cucharada grande de condimento griego
1 cucharada grande de pimienta
1 cucharada grande de pimentón dulce
¼ cucharada de pimienta de cayena

85 g de queso *cheddar* rallado
110 g de granos de maíz

Este plato poderoso es muy antiguo e irá muy bien con tu ayuno. Primero, cocinar los frijoles moteados en agua hirviendo hasta tiernizar. Escurrir y pisar con un tenedor, y reservar. En una cacerola mediana, rehogar las cebollas y el ajo en 2 cucharadas grandes de caldo hasta que blanqueen. Agregar el arroz y saltear levemente. Agregar el caldo restante, el extracto de tomate, el vinagre, el chile jalapeño, el condimento griego, la pimienta, el pimentón dulce y la pimienta de cayena. Llevar el caldo a hervir y tapar. Cocinar en horno a 170º hasta que el arroz esté tierno y haya absorbido todo el líquido (aproximadamente 18 minutos). Incorporar los frijoles pisados, el queso y el maíz al arroz.

━━━━━━━━━━

Hamburguesas de vegetales
450 g de zanahorias, ralladas
55 g de apio, rallado
55 g de cebollas, ralladas
30 g de pimiento rojo, picado
70 g de champiñones blancos, picados
70 g de cebolla de verdeo, picada
70 g de nueces, picadas
1 huevo, batido
½ cucharada grande de perejil picado
½ cucharada grande de tomillo picado
1 cucharada grande de ajo picado
1 cucharada grande de sal
½ cucharada grande de salsa tabasco
½ cucharada grande de aceite de sésamo
¼ cucharada grande de pimienta negra

55 g de galletas trituradas

No podría haber escrito las recetas para este ayuno sin presentar una receta de hamburguesas. Existen un montón de hamburguesas de vegetales por todos lados, ¡la única diferencia es que esta es buena! Primero, colocar las zanahorias, el apio, la cebolla y la pimienta en un colador y presionar para quitar el exceso de líquido. Colocar la mezcla en un recipiente grande y agregar los champiñones, la cebolla de verdeo, las nueces, el huevo, el perejil, el tomillo, el ajo, la sal, la salsa tabasco, el aceite de sésamo y la pimienta negra. Revolver para mezclar bien. Agregar suficientes galletas trituradas para lograr una mezcla firme y formar 10 hamburguesas de 100 g cada una. Empanar en galletas trituradas si se desea. Hornear cada hamburguesa en una asadera plana con una base de papel manteca a 240º hasta que estén bien cocidas (aproximadamente 10 minutos).

═══════

Guiso de champiñones
2 cucharadas grandes de margarina
110 g de cebollas, cortadas en cubos
55 g de apio
1 cucharada grande de ajo picado
30 g de fécula de maíz
280 cm^3 de caldo de vegetales
340 g de papas color rojizo, peladas y cortadas en cubos
170 cm^3 de leche descremada evaporada
2 cucharadas grandes de crema
55 cm^3 de jugo de uva
450 g de champiñones (sin el tallo)
140 cm^3 de caldo de champiñones
Sal y pimienta a gusto

¡Esta sopa no te puede salir mal! Comenzar calentando la margarina en una olla para sopa grande. Agregar las cebollas, el apio y el ajo. Rehogar hasta tiernizar. Mezclar la fécula de maíz con suficiente caldo para formar una pasta aguada. Agregar el caldo sobrante a los vegetales y hervir a fuego lento. Agregar la pasta aguada al caldo y volver a llevar a fuego lento hasta que espese. Agregar las papas al caldo espesado y hervir hasta tiernizar (aproximadamente 15 minutos). Sacar la olla del calor y agregar la leche evaporada, la crema, el jugo de uva, la sal y la pimienta. En una cacerola grande para saltear, rehogar los champiñones en el caldo de champiñones hasta tiernizar. Añadir con cuidado a la sopa y disfrutar.

Ensalada de frutas tropical
450 g de mango, cortado en cubitos
225 g de papaya, cortada en cubitos
110 g de pimiento rojo, cortado en cubitos
110 g de cebolla colorada, cortada en cubitos
4 cucharadas grandes de cilantro
4 cucharadas grandes de jugo de limón
1 cucharada grande de chile jalapeño picado
2 cucharadas grandes de aceite de oliva
Sal y pimienta a gusto

Mezclar todos los ingredientes y dejar que reposen durante 1 hora antes de servir (colocar en heladera si no se sirve de inmediato). (Nota: para preparar este plato como postre o como combinación de desayuno y almuerzo, reemplazar el cilantro por menta, los pimientos y las cebollas por frutillas y el aceite de oliva por miel. Servir como relleno de panqueques o con muffins, crepes o tostadas, o acompañar con galletitas. También puedes reemplazar la papaya y el mango por melón rocío de miel, melón cantalupo y ananá).

Porotos negros y pan de maíz
2 cucharadas grandes de aceite de maíz
170 g de cebollas, cortadas en cubos
170 g de pimientos rojos, cortados en cubos
55 g de ajo picado
340 g de porotos negros cocidos
110 g de tomates condimentados
2 ½ cucharadas grandes de cilantro picado
¼ cucharada grande de salsa tabasco
280 cm³ de caldo de vegetales
1 cucharada grande de sal
½ cucharada grande de granos de pimienta molidos
220 g de harina de maíz
55 g de harina común

Calentar el aceite de maíz en una sartén grande. Agregar las cebollas, el pimiento rojo y el ajo y rehogar hasta que las cebollas se blanqueen. Sacar del calor y agregar los porotos, los tomates, el cilantro y la salsa tabasco. Calentar el caldo, la sal y la harina de maíz en una cacerola. Agregar revolviendo lentamente a la harina de maíz. Bajar el fuego y dejar hervir a fuego lento, revolviendo constantemente, hasta que la mezcla se despegue de los costados de la cacerola (aproximadamente 20 minutos). Sacar del fuego y verter la mezcla de porotos en la harina de maíz. Rociar levemente un molde con aceite vegetal y colocar la mezcla en el molde. Colocar en la heladera de 8 a 10 horas. Cuando esté listo, desmoldar el molde y cortar 15 rebanadas iguales. Cortar cada una en forma diagonal para hacer 30 triángulos. Preparar 2 rebanadas para cada porción y saltear en una sartén caliente rociada con aceite hasta dorar.